Przewodnik małego TURYSTY

Wesoły autobus, czyli podróże po Polsce

Marcin Przewoźniak

Ilustracje
Olga i Janusz Baszczak

Papilon

www.NajlepszyPrezent.PL

e-mail — sklep@NajlepszyPrezent.pl   faks — +48 61 652 92 00
poczta — Publicat S.A., ul. Chlebowa 24, 61-003 Poznań   infolinia — +48 61 652 92 60

TWOJA KSIĘGARNIA INTERNETOWA

Wydawca oświadcza, iż dołożył należytej staranności celem poszanowania
praw autorskich twórców poszczególnych ilustracji (fotografii),
z uwzględnieniem możliwości dozwolonego użytku publicznego
oraz zasady prezentacji nazwisk i dzieł w końcowej części publikacji.
W razie jakichkolwiek uwag prosimy o kontakt z działem
gromadzenia zbiorów wydawnictwa.

GRUPA WYDAWNICZA
PUBLICAT S.A.

Firma rozpoczęła swoją działalność w 1990 roku pod nazwą Podsiedlik-Raniowski i Spółka.
W 2004 roku przyjęto nazwę PUBLICAT S.A., w tym samym roku w skład grupy PUBLICAT
weszło wrocławskie Wydawnictwo Dolnośląskie. W 2005 roku dołączyło do niej katowickie
Wydawnictwo Książnica. Rok 2006 to objęcie nazwą Papilon programu książek dla dzieci.
W roku 2007 częścią grupy stała się warszawska Elipsa.

Papilon	**Publicat**	**Elipsa**	**Wydawnictwo Dolnośląskie**	**Książnica**
baśnie i bajki, klasyka polskiej poezji dla dzieci, wiersze i opowiadania, książki edukacyjne, nauka języków obcych dla dzieci	książki kulinarne, poradniki, książki popularnonaukowe, literatura krajoznawcza, hobby, edukacja	albumy tematyczne: malarstwo, historia, krajobrazy i przyroda, albumy popularnonaukowe	literatura faktu i poradnikowa, historia, biografie, literatura współczesna, kryminał i sensacja, fantastyka, literatura dziecięca i młodzieżowa	literatura kobieca, powieść historyczna, powieść obyczajowa, fantastyka, sensacja, thriller i horror, beletrystyka w wydaniu kieszonkowym, książki popularnonaukowe

Autor i Wydawca przewodnika dołożyli wszelkich starań, aby jego treść była rzetelna i aktualna.
Jednak z uwagi na niezależną od Autora i Wydawcy możliwość dezaktualizacji zawartych w przewodniku danych,
nie mogą wziąć odpowiedzialności za jakiekolwiek skutki wynikające z wykorzystania tych informacji.

Redakcja – Beata Horosiewicz, Justyna Sell
Współpraca redakcyjna – Małgorzata Tkacz
Realizacja komuterowa wnętrza – Hubert Grajczak, Hanna Polkowska
Projekt graficzny wnętrza i okładki – Hanna Polkowska
Korekta – Eleonora Mierzyńska-Iwanowska, Agata Mikołajczak-Bąk
Gromadzenie materiału fotograficznego – Bartosz Ciepłuch
Edycja materiału ilustracyjnego oraz map – Marek Nitschke

Papilon – znak towarowy
Publicat S.A.
61-003 Poznań, ul. Chlebowa 24
tel. 61 652 92 52, fax 61 652 92 00
e-mail: papilon@publicat.pl
www.publicat.pl

Od Autora

Wesoły autobus juz grzeje silnik. Spakowany? Zdecydowany? Gotowy, by zostać prawdziwym turystą? Tyle miejsc czeka na odkrycie. Tyle legend, tajemnic, duchów, przygód, skarbów i innych atrakcji ukryło się gdzieś na mapie. Pora je wytropić. Pora wsiadać. Podróż za chwilę się zacznie. Zanim wyruszymy, musisz wiedzieć, ze Polska to nasza ojczyzna. I jest bardzo fajna. Dlatego będziemy ją przemierzać wzdłuz i wszerz. Oczywiście, jeśli ktoś koniecznie musi mieć ciepłe morze z rekinami, palmy, banany prosto z drzewa i piramidy za oknem — trudno, nic na to nie poradzimy. Nasz autobus tam nie dotrze. Dojedzie za to w miejsca, o jakich ci się nie śniło, i to tutaj, w Polsce.

Proszę wsiadać, drzwi zamykać. O szczegółach pogadamy po drodze. Ach! Jeszcze najwazniejsze! Przewodnikami będą twoi rówieśnicy: Karolina i Karol, oraz ich ulubieniec, jamnik Karambol. Ten ostatni nie rozstaje się z GPS-em, który nosi na grzbiecie, ale nawet bez niego trafi do celu. Po prostu ma nosa!

Polska jest fajna. Tylko dzieci mogą jeszcze o tym nie wiedzieć. Nie macie pomysłu, dokąd pojechać? Sięgnijcie do *Wesołego autobusu*. To nie jest zwykły przewodnik. Taki, który opowiada o wszystkim, liczy 400, a czasami nawet 800 stron. My jednak nie chcemy nakłaniać, abyście pojechali wszędzie. Dlatego podpowiadamy tylko niektóre kierunki i wybrane cele podróży. Ułozyliśmy je tematycznie, nie geograficznie. W ten sposób łatwiej odnajdziecie miejsca, które zainteresują wasze pociechy. Książka na pewno przyda się podczas wakacji, ferii czy weekendów.

Zapraszamy do wspólnej podrózy!

SPIS FOTOGRAFII

Z tym niezwykłym przewodnikiem
będziesz świetnym podróznikiem.
Nie przegapisz więc zadnego
miejsca bardzo ciekawego.
Kiedy będziesz juz na szlaku,
zawsze miej go w swym plecaku.
Czas podpisać tę książeczkę:

Tu daj podpis:

....

Tu – foteczkę!

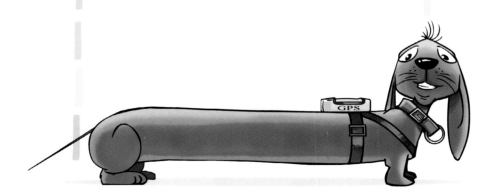

Cześć, to my! Czyli bohaterowie

Pora poznać naszych bohaterów. Będą ci towarzyszyli podczas wycieczek, podpowiedzą, dokąd pojechać, co zwiedzić lub obejrzeć. No i na pewno nie będziesz się z nimi nudzić. Nie zajmą też wiele miejsca w samochodzie czy w autobusie, a w pociągu nie trzeba fundować im biletów. Wystarczy, że zabierzesz ze sobą tę książeczkę – w ogóle się z niej nie ruszają!

KAROLINA
Ma ładną, trochę piegowatą, wesołą buzię. Lubi podróżować i fotografować się w miejscach, które odwiedza. Z podróży przywozi też piękne rysunki. Chciałaby zostać księżniczką, mieszkać w zamku, mieć wiele psów i kotów, czarodziejską sowę oraz stado koni z długimi grzywami. I jeszcze kuzyna czarodzieja, takiego jak Harry Potter, który przylatywałby do niej na miotle.

KAROL
To brat Karoliny, ma piegi jak siostra (inaczej byłoby niesprawiedliwie, prawda?). Interesują go zabytki, ale trochę inne niż jego siostrę. Musi obejrzeć każdy stary bunkier, czołg, armatę, statek, parowóz i mury obronne. Lubi opowieści przewodników o bitwach i wojnach toczonych w okolicach, które zwiedza. Uwielbia strzelać z kuszy do tarczy. Zbiera mapy i foldery turystyczne.

KARAMBOL
Jest… dłuuugi. Na jego pyszczku sterczą niewielkie wąsy. Piękne długie uszy powiewają mu na wietrze, gdy biegnie naprzeciw przygodzie. Pilnuje Karoliny i Karola, by nic im się nie stało. Chyba że tam, gdzie oni wchodzą… czworonogom wstęp wzbroniony. Karambol ma na grzbiecie przyczepiony ekran nawigacji GPS, ale żaden GPS nie ma takiego nosa do poszukiwania dróg i przygód, co jamnik!

Jak czytać symbole i czego szukać w ramkach

Aby podróż po Polsce się udała, chcemy ułatwić nawigację po naszym przewodniku. Gdy nabierzesz wprawy w poruszaniu się po książce, bez trudu odszukasz interesujące cię miejsca. Pomogą ci w tym kolorowe ikonki, dzięki którym szybko uzyskasz ważne informacje. Zaglądaj też do ramek, ponieważ trzymamy w nich podpowiedzi, ciekawostki i atrakcje.

 Oferta także dla wycieczek zorganizowanych.

 Zabierz ciepłą odzież!

 Dobry punkt obserwacyjny – przyda się lornetka.

 Uwaga! Najmłodsze dzieci mogą się wystraszyć.

 Weź mapę albo GPS! Łatwo się zgubić.

 Uwaga! Twój pies tu nie wejdzie.

 Nie da się dojechać samochodem. Do celu trzeba dojść na własnych nogach.

 Dobre miejsce na biwak.

 Bez latarki zaglądanie będzie marne.

• Jeśli ikonki umieszczono na mapie, oznacza to, że są wspólne dla danego rozdziału.

 Kliknij, zanim wyruszysz – strony internetowe, które warto odwiedzić przed wyprawą.

Kartka z kalendarza

Podpowie, w jakim terminie najlepiej wyruszyć w wybrany rejon, kiedy odbywają się tam ciekawe imprezy, turnieje rycerskie, parady, pokazy, widowiska historyczne, festiwale.

> **JESTEŚ O KROK**
> W ramkach oznaczonych tym hasłem znajdziesz m.in. informacje o zabytku, osobliwości, które są nieopodal opisywanego miejsca. Może warto tam zajrzeć, skoro jesteś tak blisko.

> **Posłuchaj Karoliny/Karola**
> Dodatkowe informacje i porady dotyczące danego miejsca.

> **Posłuchaj mamy/taty Karoliny i Karola**
> Rady od dorosłych uczestników wyprawy.

> **Posłuchaj Karambola**
> Jeśli poważnie traktujesz swojego psa, daj mu coś powiedzieć nie tylko w Wigilię!

Wycieczkownik wyruszycielski

Na co dzień myślicie za siebie i za swoją pociechę. Podobnie w podróży, tylko jeszcze bardziej. Bo dziecku wtedy „nie chce się" częściej niż wam, „chce się" mu zresztą też częściej, niż wskazywałaby średnia krajowa. Toteż na zimno, deszcz, głód, kupę, otarte kolano, bolące nogi, nudę i głupawkę musicie być przygotowani niczym komandosi. Czcigodni matko i ojce, wiecie, na czym polega urok tych rozdziałów? Dla połowy rodziców w tym kraju zawierają one nieprawdopodobne banały. Druga połowa, czytając je, odkryje Amerykę.

Pierwsza pomoc

Młody podróżnik ma niespożyte siły, dopóki jest suchy, najedzony i się nie nudzi. Dzieci w okamgnieniu potrafią zmienić czyste hipotezy w zaskakujące fakty, zwłaszcza przy jedzeniu, dlatego warto spakować zapasowy strój i kurtkę przeciwdeszczową. Buty muszą być wygodne, aby mały turysta nie miał otarć i odparzeń.

Druga pomoc

Apteczka zawsze się przyda. Do plecaka warto włożyć wodę utlenioną, plastry, tabletki od bólu brzucha i na chorobę lokomocyjną, krem z filtrem UV. Niezastąpione są chusteczki higieniczne, wilgotne chusteczki podróżne do mycia rąk i twarzy oraz woda termalna w aerozolu.

Trzecia pomoc

Zabierzcie mapę, atlas lub przewodnik, by się nie zgubić i nie skompromitować przed dzieckiem. Na pewno zapyta o wszystko, co zobaczycie. Odpowiedź „nie wiem" obniży wasze notowania. Spakujcie także aparat fotograficzny i zapasowe baterie. Pamiętajcie o zabawce, by pociecha miała zajęcie, gdy zacznie się nudzić.

Czwarta pomoc

Cierpliwość i opanowanie to podstawa. Jeśli dotąd nie wychowaliście dziecka, to na pewno nie zrobicie tego podczas wyjazdu. W podróży liczą się: umiejętność tłumaczenia, rzeczowość i brak negatywnych emocji. Rodzic doprowadzony do furii przez własną pociechę zawsze będzie postrzegany jak potwór przez przygodnych świadków.

I po piąte

Wycieczka nie powinna być za długa i przeładowana atrakcjami. Pamiętajcie, że urządzacie ją dziecku, a nie sobie, więc to ono powinno ustalić priorytety. Bądźcie pewni, że jeśli cokolwiek się nie uda, to tylko z waszej winy.

Niektórzy twierdzą, że najprzyjemniejsze jest pakowanie się na wycieczkę. To prawda, ale… no właśnie, zawsze jest jakieś ale. Im więcej zabierzesz, tym więcej będziesz dźwigać, a przedmioty lubią się gubić. Wybór należy do ciebie, ale jeśli mama lub tata zechcą rzucić okiem na twój bagaż – nie protestuj. Oni po prostu mają więcej doświadczenia.

W co się spakować

Kurtka lub kamizelka z mnóstwem kieszeni
Zalety: wszystko nosisz przy sobie; nie potrzebujesz plecaka i masz wolne ręce.
Wady: niewygodnie się siedzi; strój dużo waży; wyglądasz jak wypchane monstrum, no i właśnie zabrakło ci… wolnych kieszeni, do których mógłbyś włożyć ręce.

Plecak
Zalety: pojemny i wygodny do noszenia; zmieścisz w nim więcej niż w kieszeni.
Wady: łatwo gdzieś go zostawić; prze-szkadza w zatłoczonym tramwaju; jego zawartość może paść łupem złodziei.

W co się ubrać

Polecamy sposób „na warzywnego wróżbitę". Na czym polega? Ubierasz się na „cebulkę", czyli wkładasz kilka warstw odzieży i komponujesz je w zależ-ności od temperatury (oczywiście, zasada ta nie obowiązuje w upały). A „wróżbita" to osoba, która potrafi przewidzieć kaprysy pogody. Najlepiej wybrać lekką kurtkę, bluzę z kapturem, koszulkę i czapkę z daszkiem. Pozostaje jeszcze problem kolorów. Jasne spodnie i kurtka pod koniec wyprawy nabiorą brudnoszarego odcienia.

Podobnie będzie z butami – im bielsze i nowsze, tym gorzej. Na wyprawę najlepsze są ubrania utrzymane w ciemniejszych barwach.

Podróże z pęcherzem

Obtarte nogi i bolesne pęcherze to zmora każdego wycieczkowi-cza. Kuśtykanie psuje przyjem-ność zwiedzania. Jak się przed tym ustrzec?
• Wybieraj wygodne adidasy i bawełniane skarpetki.
• Z wyczuciem dociągaj paski sandałów.
• Unikaj butów na cienkiej podeszwie, a także nowych, jeszcze nierozchodzonych.

Inne ważne zasady wycieczkowe

• Słuchaj szefa wyprawy – nauczycielki lub rodziców.
• Spakuj tylko najpotrzeb-niejsze rzeczy.
• Zabieranie maskotki jest OK, ale targanie kilku to już przesada.
• Pilnuj pieniędzy i cennych przedmiotów, np. telefonu lub aparatu fotograficznego.
• Jeśli się popisujesz, rób to mądrze.

Podróżny bezpiecznik rodzinny

Rodzic w roli organizatora wycieczki sprawdza się wtedy, gdy ma chociaż minimalne pojęcie o miejscu, do którego zmierza, i opracuje regulamin wyprawy zaakceptowany przez dziecko. Nie oznacza to jednak spisania stu zakazów! Większość maluchów to rozumne istoty, którym wystarczy wytłumaczyć, czego się od nich oczekuje i w jakim celu. Hasło „nie, bo nie" nie zdaje egzaminu. Darujcie więc sobie teksty typu: „Uważaj, jak idziesz". Dziecko „pilnuje się" nawet wówczas, gdy wchodzi pod nadjeżdżający samochód. Po prostu dostało abstrakcyjne zadanie do wykonania. To tak, jakby ktoś powiedział wam: „Idąc, pamiętajcie o prawie grawitacji Newtona", a potem wydziwiał, że wyrżnęliście się o krawężnik.

Odprawa przed akcją

• Zamiast mnożyć zakazy, których nikt nie zapamięta, pogadajcie z dzieckiem o tym, co może się wydarzyć.
• Ustalcie, co ma zrobić, gdy się zgubi oraz kogo i jak prosić o pomoc.
• Włóżcie małemu podróżnikowi do kieszeni kartkę z adresem, numerem telefonu, nazwiskiem.
• Znając specyfikę zwiedzanych miejsc, porozmawiajcie z dzieckiem, jakie zachowania są w nich niedozwolone. Ważne, by samo doszło do właściwych wniosków. Wtedy lepiej je zapamięta.

UWAGA, RODZICE!
• Za szkody poczynione przez dziecko odpowiadacie finansowo.
• Za pozostawienie pociechy bez opieki odpowiadacie karnie przed prokuratorem i… dziadkami dziecka (to już wolelibyście prokuratora, prawda?).
• Za to, że czegoś ono nie zobaczyło, chociaż bardzo chciało, odpowiadacie przed nim samym.

Porady dla niewprawnych rodziców

• Wypożyczając rower, narty lub łyżwy, pamiętajcie też o kasku.
• W niebezpiecznych miejscach lepiej przytrzymać dziecko, niż patrzeć, jak leci w dół.
• Karmienie zwierzątek jest fajne, ale w tym przypadku stosujcie zasadę ograniczonego zaufania.
• Pasy bezpieczeństwa są po to, by je zapinać. Także w wesołych miasteczkach.
• Ojcze, przewiduj kłopoty. Oto przykład: przed bramą zoo stoi 247 sprzedawców baloników. Jeśli kupisz balon, zabronią ci wejść z nim do środka. Możesz go wypuścić albo wsadzić żonie pod bluzkę, wtedy przynajmniej kupi bilety bez kolejki. Ale dziecko i tak właśnie straciło swój prezent. Spodziewałbyś się tego?

Ktoś, kto jest mały... (no dobrze, młody) też może zostać wielkim turystą. Pod warunkiem że będzie rozsądny. Okej, pogadajmy najpierw o zakazach. Przynajmniej szybciej będziemy mieć je z głowy.

Czego nie robi turysta

• Nie podpisuje się na zabytkach.
• Nie bazgrze markerem po ścianach, pociągach czy stołach.
• Nie niszczy przyrody ani nie śmieci!
• Nie lekceważy przepisów, które obowiązują w danym miejscu.
• Nie panoszy się i nie przeszkadza innym swoim zachowaniem.

A co młody turysta może robić?

Mnóstwo fantastycznych rzeczy: zwiedza interesujące miejsca, ogląda niezwykłe widoki, poznaje nowe historie, przywozi do domu wspaniałe pamiątki, zawsze wie, gdzie są mama, tata albo klasa, z każdej podróży wraca zdrowy, cały i mądrzejszy, niż był przed wyjazdem.

Jak się odnaleźć

• Umów się z rodzicami, że jeśli zgubisz się w tłumie, to stoisz w jednym punkcie, a oni cię szukają.
• Gdy się zgubisz klasie, pamiętaj, gdzie jest miejsce zbiórki lub co ostatnio zwiedzaliście. Spróbuj tam dotrzeć.
• Istnieją lepsze i gorsze miejsca do oczekiwania na brygadę ratunkową. Lepszymi są: ławka, kwietnik, śmietnik albo pomnik. Czyli coś, dzięki czemu łatwiej zostaniesz zauważony.
• Jeśli masz komórkę, kłopot z głowy.
• Nie panikuj, tylko poszukaj człowieka w mundurze: policjanta, strażnika miejskiego, ochroniarza albo strażaka. Na pewno nie odmówią ci pomocy.
• Znajdź kamerę monitoringu –

wygląda tak...

albo tak...

Stań przed nią i machaj rękami nad głową. Patrol policji lub straży miejskiej pojawi się w kilka minut.
• Nie rozmawiaj z obcymi i nie oddalaj się z nimi. W razie czego krzycz: RATUNKU!!!

Ramka ostatniej szansy
• Przepisy wymyślono w jakimś celu, dlatego szanuj je.
• Jeżeli za fotografowanie trzeba zapłacić, a ty tego nie zrobiłeś, to nie baw się w paparazzi, no, chyba że chcesz zapłacić mandat.
• Jeśli nie wolno dotykać eksponatów, uruchom wzrok i wyłącz ręce.
• Zachowuj się najgrzeczniej, jak tylko potrafisz, słuchaj, co mówią rodzice lub nauczycielka.
• Wygłupy podczas wycieczki mogą być przyczyną wielu groźnych zdarzeń.

Jadłolista, czyli jak i co jeść na wyprawie

Kanapki zrobione przez mamę zawsze będą najzdrowsze i najpewniejsze w podróży. Sęk w tym, że są najnudniejszym jedzeniem na świecie. Dziecko liczy także na eksploracje kulinarne. Chce wiedzieć, jak smakują lody w najbliższej budce, pizza albo lizaki z kiosku. Czasem jest to ważniejsze niż zwiedzanie zabytków...

Burgerpizza zaprasza

Autor tej książki jest zwolennikiem domowych obiadów oraz żywności niemodyfikowanej genetycznie, a także ograniczenia spożycia tłuszczów nasyconych i pustych kalorii. Uważa też, że dziecięcy żołądek to nie śmietnik. Trzeba jednak przyznać, że najbezpieczniejsze restauracje w czasie podróży z dziećmi to sieciowe przybytki „pizzo-burgero-czikeno--donaldso-sabłejo-kingi".

Z czterech powodów:
- Dzieci je rozpoznają i lubią, a poza tym w zestawach są zabawki.
- Nawet gdy uważamy, że to plastikowe żarcie, nikt się tym jeszcze poważnie nie struł.
- Menu nie zaskakuje.
- Toalety są czyste.

Omijaj szerokim łukiem

Lokalne gastronomiczne zakątki, gdzie półprodukty z mikrofalówki podaje się na plastikowych talerzykach, a rok produkcji tłuszczu używanego do smażenia trzeba badać metodą radiologiczną C14. W najgorszym razie odszukaj przydrożny zajazd, przy którym parkuje rekordowa liczba tirów. Kierowcy długodystansowi nie jadają tam, gdzie choć raz się struli.

Wycieczka to specjalna okazja

Nie zakazuj dziecku loda, gofra z bitą śmietaną czy waty cukrowej. Jeśli na co dzień dostaje domowe posiłki, raz na jakiś czas można zdobyć się na odrobinę szaleństwa. Szczytem sadyzmu jest wręczanie maluchowi pomidora i jajka na twardo, gdy po drugiej stronie ulicy kusi obiecujący szyld pizzerii. Do kitu taka wycieczka!

Najlepszymi przyjaciółmi podróżującego dziecka są batonik, guma do żucia, cukierki i chipsy. Lubią towarzystwo coli albo innego napoju z bąbelkami. Prawdę mówiąc, kiepska jadłolista i marny piciospis. Tym się nie najesz. A ból brzucha murowany. Chcesz czy nie, przynajmniej raz dziennie musisz zjeść posiłek, który po pierwsze jest ciepły, po drugie – nie słodki. Głodny turysta to tylko pół turysty. A pół turysty do niczego się nie nadaje.

Spis mądrości kulinarno-podróżniczych

• Kanapki mamy może i są nudne, ale dodadzą ci sił.
• Pomidor czy jabłko w podróży to obciach, ale nie zrobi ci się po nich niedobrze. A po czekoladkach prawdopodobnie tak.
• Za dużo słodyczy równa się niefajna sytuacja.
• Na wycieczkowy wysiłek nie ma jak ciepły posiłek!

Słone tak, słodkie nie!

Jeśli lubisz coś chrupać w podróży, postaw na słone przekąski – paluszki, krakersy, nawet chipsy. Wprawdzie zwiększają pragnienie, ale są lepsze niż słodycze, po których możesz się źle poczuć. Poza tym szybko się od nich tyje.

Piciospis

Najlepsze dla podróżnika

• Gorzka, ciepła herbata i mięta – pomagają w trawieniu, rozgrzewają, wyganiają ból brzucha.
• Soki owocowe (np. z jabłek lub czarnych porzeczek) – bezpieczne dla żołądka przed, po i w trakcie jedzenia.

Ryzykowne dla podróżnika

Woda mineralna (niegazowana) – jest czysta, sterylna i bezpieczna. Jednak po obfitym obiedzie, zwłaszcza tłustym, nie powinno się jej pić, aby w brzuchu nie zrobiła się dyskoteka.

Niepolecane dla podróżnika

Wody i napoje gazowane – bąbelki są zdradliwe, potrafią namieszać w żołądku, nie każdą potrawę da się nimi popić.

Zakazane dla podróżnika

Oranżady i napoje gazowane. Często są słodzone mnóstwem cukru lub słodzika. Gaszą pragnienie, ale tylko na chwilę. Zawarty w nich cukier będzie domagać się kolejnej popitki. Można w ten sposób wypić dwulitrową butlę napoju i nadal czuć pragnienie! O konieczności częstego biegania do toalety nie wspominając.

DLA ZAMYŚLONYCH

• Zgniecione kanapki nie są fajne – kup lunchboxa!
• Dziecka, psa i jedzenia nie zostawia się w zamkniętym aucie w upały.

Wyrzuć nudę z plecaka

Dzieci nudzą się w czasie deszczu, jak poucza stara piosenka. I nie tylko. Przykrzy im się także w trakcie przemieszczania się, czekania, chwilowego braku atrakcji, niedostępności komórki z grami oraz zwiedzania obiektów niespełniających ich oczekiwań.

Ludzie, nie dajcie się nudzie!

Jej apogeum następuje podczas transportu. Bezradni rodzice często sami oddają dzieciom telefony komórkowe z grami czy laptopy. Byle tylko wystarczyło baterii, a dzieci nie znudziły się szybko nową zabawką. Nie idźcie tą drogą! W ten sposób wysyłacie komunikat: są gry – jest dobrze, nie ma gier – jest źle. I możecie nie urządzać kolejnych wycieczek.

PS Ekrany plazmowe w zagłówkach przednich siedzeń nawet się sprawdzają. Tylko musicie tak wyliczyć czas podróży, by wysiadka nie nastąpiła przed końcem filmu. Jeśli nastąpi, a wy wyłączycie sprzęt, poznacie ogrom nienawiści, jaki telewidzowie generują pod adresem branży reklamowej, która przerywa ich ulubione programy.

Skład Rad

Oto niemądra gra podróżna sprzed mniej więcej 50 lat: ile dostrzeżesz w trakcie jazdy kominów, żółtych samochodów, krów albo barów z tajemniczym napisem „świeżonka"? Głupie, ale i tak lepsze od gier w komórce. Jedna osoba przypatruje się lewej stronie drogi, druga prawej. Rywalizacja przebiega na czas.

Rozmawiajcie o tym, co widzicie za oknem. Wymyślcie zabawę w odgadywanie: jak żyją ludzie w tym domu przy zakręcie, ile samochodów mogło wpaść do rowu, w którym właśnie leży jakiś wrak itp.

Nie każdy potrafi czytać w podskakującym aucie. Ale może to robić, czekając na transport. Dlatego warto mieć ze sobą książkę lub czasopismo – dla dziecka albo do wspólnego przeglądania.

Polaków rozmowy

Rozmawiajcie z dziećmi. I ze sobą. Podobno na co dzień nie macie na to czasu. Teraz go dostaliście. Wybraliście się na wspólną wyprawę po raz pierwszy od dłuższego czasu, więc macie chyba sobie dużo do powiedzenia.

Nudno jest, gdy: podróż się dłuży, stanie w kolejce po bilety trwa w nieskończoność, w ogóle trzeba na coś czekać, w restauracji nie przynoszą od razu jedzenia, w zamku zamiast prawdziwych rycerzy są manekiny w zbrojach. W dodatku nie wolno ich dotykać. Nudno jest też, jeśli nie wziąłeś żadnej gry. Zaraz, zaraz… jak to nie? Masz ich ze sobą kilkanaście. Trzeba tylko chwilę pomyśleć.

PRAWA PODRÓŻNE

- **Pierwsze prawo podróży z rodzicami:** najpierw nudy, a potem dorośli chcą robić nie to, co jest naprawdę fajne.
- **Pierwsze prawo podróży z dzieckiem:** człowiek się stara, wymyśla cuda, a pociecha i tak w końcu powie, że wieje nudą.
- **Zasada Ojca Wergiliusza:** zawsze komuś się nudzi.
- **Komentarz Mamy Muminka:** lepiej niech się nudzą, niż mieliby przemoczyć nogi.
- **Obserwacja Misia Paddingtona:** wysmaruj dżemem tapicerkę w nowym wozie taty, a już nikt nie będzie się nudził aż do końca wycieczki…

Kamień, papier i nożyce

Do gry wystarczą dłonie. Mogą grać dwie albo trzy osoby. Każdy chowa za plecami rękę, a potem na trzy, cztery wystawia ją, ułożoną w odpowiedni kształt. Pięść – to kamień, rozpostarte dwa palce – nożyce, płasko wyciągnięta dłoń – papier. Ale kto wygrywa? Papier owinie kamień, ale da się przeciąć nożycami. Kamień stępi nożyce, ale można go zawinąć w papier. Nożyce przetną papier, ale nie poradzą sobie z kamieniem.

Pomidor

Trzeba wybrać, kto będzie pomidorem. Wszyscy zadają tej osobie pytania, na które odpowiada ona tylko jednym słowem: „pomidor", zachowując przy tym kamienny wyraz twarzy. Jeśli się pomyli lub roześmieje, daje fant, który musi potem wykupić, np. śpiewając piosenkę. Po 10 pytaniach następuje zmiana. Zamiast „pomidor" można mówić coś śmiesznego, choćby: „dziadka kalesony".

Słówka

Zabawa i prosta, i trudna. Jedna osoba mówi dowolne słowo, a następna musi wymyślić wyraz zaczynający się na ostatnią jego literę. Uwaga – gra zrobi się emocjonująca, gdy ustalicie, że nie wolno podawać haseł, które kończą się na „a".

Zgadywanki

Fajna zabawa, bo trzeba wysilić wyobraźnię. Polega na wymyślaniu podchwytliwych zagadek. Choćby takich: „Chociaż masz go na ramieniu, spodnie ci nie spadają" (pas bezpieczeństwa). Albo: „Gdy wchodzisz do domu, jej pierwszej podajesz rękę" (klamka). Bądź: „Czego nie da się założyć tyłem do przodu?" (okularów). Można to ciągnąć bez końca, liczy się pomysłowość.

Tczewianin i duszniczanka

To prawdziwa gimnastyka dla języka i głowy. Mijacie po drodze różne miejscowości i zgadujecie, jak się nazywają ich mieszkańcy. W Radomiu łatwo – radomianin i radomianka. W Koszalinie – koszalinianin i koszalinianka. W Bytomiu – bytomianin i bytomianka. A w Ostromecku, Płońsku, Biłgoraju, Wąchocku albo w Suchej Beskidzkiej? Ha! To dopiero łamigłówka! Jedną z najtrudniejszych do wymówienia jest szczecinczanka.

Rymy

Pyszna zabawa z nazwami miast i wiosek. Wystarczy wymyślać do nich zabawne wierszyki, np. „W poniedziałek w Augustowie wyrosły skrzydełka krowie" lub „Jesteśmy w Sopocie, unurzani w błocie".

Kartka i ołówek

Jeśli masz kartkę i ołówek albo dwa długopisy, możesz grać z kolegą lub koleżanką w kropki, w wisielca, w kółko i krzyżyk, w statki… To nieprawda, że nie zabrałeś ze sobą żadnych gier, prawda?

Savoir-vivre w podróży

Podróżowanie i zwiedzanie jest bardzo fajne, pod warunkiem że każdy z uczestników wycieczki umie się zachować. W przeciwnym razie staje się zmorą innych turystów, a także przewodników, restauratorów i wszystkich, którzy muszą znosić jego fochy i wygłupy. Sprawdź, czy nie jesteś takim utrapieniem. Przygotowaliśmy dla ciebie test. Przy każdym z pytań są trzy możliwe odpowiedzi. Zaznacz właściwe i przekonaj się, co ci wyszło. Wyniki znajdziesz u dołu strony.

1. Od samego początku podróży pytam: „Kiedy dojedziemy?".
   - ja
   - trochę ja
   - zupełnie nie ja

2. Wchodzę z butami na każde siedzenie.
   - ja
   - trochę ja
   - zupełnie nie ja

3. Lubię, gdy wszyscy mnie słyszą i słuchają, więc staram się, aby nikt nie przegapił mojej obecności. Mówię na cały głos, że nie smakuje mi jedzenie. Gdy mi się nudzi, informuję o tym cały świat.
   - ja
   - trochę ja
   - zupełnie nie ja

4. Kiedy się przepycham, nie mówię „przepraszam".
   - ja
   - trochę ja
   - zupełnie nie ja

5. Zawsze pcham się do przodu i przestawiam zawalidrogi, które mi w tym przeszkadzają.
   - ja
   - trochę ja
   - zupełnie nie ja

6. W miejscach publicznych nie słucham rodziców ani nauczycielki, bo i tak mi nic nie zrobią.
   - ja
   - trochę ja
   - zupełnie nie ja

7. Gdy chcę dostać pamiątkę lub zabawkę, marudzę i jęczę tak długo, aż rodzice mi ją kupią.
   - ja
   - trochę ja
   - zupełnie nie ja

8. Nie słucham, co opowiadają przewodnik, tata, mama czy nauczycielka, bo mnie to nudzi.
   - ja
   - trochę ja
   - zupełnie nie ja

9. W samochodzie i autobusie lubię kopać w oparcie fotela, który mam przed sobą.
   - ja
   - trochę ja
   - zupełnie nie ja

10. Wszystkiego muszę dotknąć, zwłaszcza tego, czego nie wolno.
    - ja
    - trochę ja
    - zupełnie nie ja

WYNIKI TESTU:

Więcej niż 6 odpowiedzi „zupełnie nie ja" – stanowisz wzór podróżnika, a ewentualne błędy zdążysz jeszcze naprawić. • Przy remisie „zupełnie nie ja" i „trochę ja" – masz dużą szansę zostać idealnym towarzyszem podróży. • Powyżej 6 odpowiedzi „trochę ja" – jeszcze nie jesteś zmorą, ale już postrachem szlaków turystycznych. • Gdy suma odpowiedzi „ja" i „trochę ja" wynosi 5 lub więcej – jesteś zmorą innych turystów. • Więcej niż 7 odpowiedzi „ja" i „trochę ja" – jesteś najgorszą turystyczną zmorą.

Strrraszne wycieczki! Czyli na tropie duchów, czarownic i upiorów

D uchy, upiory i białe damy... tego akurat w Polsce nie brakuje. Niemal każdy zamek ma swojego rezydenta z zaświatów, który przechadza się po komnatach, dzwoni łańcuchami w piwnicy, świeci błędnym ognikiem w oknach, straszy tresowanymi nietoperzami, nastawia zepsute zegary i stuka butami po starych posadzkach. Odwiedzimy miejsca, gdzie upiory na pewno się pojawiają. Straszydła, hop, hop! Nadchodzimy...

ŁYSA GÓRA – CZAROWNICE I MUMIA

ŁYSA GÓRA

Klasztor Misjonarzy Oblatów Maryi Niepokalanej na Świętym Krzyżu

W samym sercu Polski leżą prastare Góry Świętokrzyskie. Nie są ani najwyższe, ani najtrudniejsze do zdobycia. Jednak właśnie w nich rośnie mroczna i tajemnicza Puszcza Jodłowa, w której uczeni natrafiają na ślady dinozaurów, tu wreszcie znajduje się tajne centrum polskiego czarownictwa. W tej okolicy odbywały się bowiem zloty czarownic na 1000 lat przedtem, zanim ktoś usłyszał o Harrym Potterze. Nieprzypadkowo znakiem rozpoznawczym województwa świętokrzyskiego jest czarownica na miotle.

Uwaga, nisko przelatujące wiedźmy!

To prawdziwe centrum czarów--marów! Legendy mówią, że dwa razy do roku zlatywały się tu na miotłach na sabat czarownice z całego kraju. Podaniom można nie wierzyć, ale jest w nich ziarno prawdy. Łysa Góra była u nas najważniejszym miejscem, gdzie oddawano cześć pogańskim bóstwom. Mimo że Polska przyjęła już chrześcijaństwo, tutaj wciąż urządzano tajne spotkania czcicieli zakazanych bogów. Składano im ofiary, organizowano tajemnicze obrzędy pełne czarów i zaklęć. Aby wykurzyć czarowników z Łysej Góry, Bolesław Chrobry nakazał postawić tam klasztor ojców benedyktynów. Budynek, kilkakrotnie palony i niszczony podczas licznych

Gołoborze na Łysej Górze

Gdzie się zacznie koniec świata

Nie wierz w brednie o kalendarzu Majów i roku 2012! Koniec świata zacznie się tu, w krainie czarownic, ale mamy jeszcze przed sobą kilka tysięcy lat spokojnego życia. Przy wejściu na niebieski szlak prowadzący na Łysicę stoi kamienny pielgrzym. Przed wiekami pewien pyszałek przechwalał się, że gdy odwiedzi klasztor, zostanie wzięty żywcem do nieba. Pan Bóg oburzył się na takie zuchwalstwo i zamienił go w głaz. Teraz kamienny pielgrzym przesuwa się ku szczytowi o jedno ziarnko piasku na rok. Gdy tam dotrze, nastąpi koniec świata. Zostało więc sporo czasu.

wojen, przetrwał ponad 1000 lat. Przechowywano tu szczątki świętego Emeryka oraz pięć drzazg z krzyża, na którym umarł Jezus Chrystus. Są one do dziś cennymi relikwiami dla wiernych. Z ich powodu górę nazywano także Świętym Krzyżem. Niestety, czarownice nadal odwiedzały sąsiednie wzgórza i Puszczę Jodłową. Także dziś można je zobaczyć niemal na każdym kroku, a nawet… kupić w sklepach z pamiątkami.

Na szczycie wzrok przykuwa **gołoborze**, czyli skalne rumowisko, obszar zasypany kamieniami, na których nie rośnie żadne drzewo. Podobno to czarownice wysypywały z worków kamienie, by zablokować drogi prowadzące na Łysą Górę. W podziemiach klasztoru spoczywa **mumia**. Są to ponoć zwłoki okrutnego księcia Jeremiego Wiśniowieckiego. Mumię można oglądać. Ale uwaga, najmłodsi mogą się wystraszyć!

 www.swietykrzyz.pl

Posłuchaj mamy Karoliny i Karola

Na Łysą Górę nie wolno wjeżdżać autem. Na szczyt prowadzą dwie drogi. Każda z nich ma ok. 2300 m długości. Ta bardziej stroma, zwana Drogą Królewską, wiedzie z Nowej Słupi i zajmuje prawie godzinę. Za wejście na szlak trzeba jednak zapłacić, bo rozciąga się na terenie parku narodowego. Łagodniejsze i krótsze (30-40 min) jest podejście z Huty Szklanej (można tu wynająć dorożkę lub poczekać na pekaes). Zaplanujcie dobrze zwiedzanie, bo klasztor jest czynny od 9 do 17. W Hucie Szklanej znajduje się pensjonat, a także ośrodek wypoczynkowy, w których można się zatrzymać.

Kartka z kalendarza

Koniec maja – Turniej Rycerski o Szablę Baldwina Ossolińskiego na zamku Krzyżtopór w Ujeździe.

W programie rycerskie pojedynki, odtwarzanie bitew, zdobywanie zamku, a także podróż w czasie do XVII-wiecznego państwa.

www.krzyztopor.org.pl

Czerwiec – Wytopki Ołowiu, Park Etnograficzny w Tokarni. Pokazy wytopu ołowiu i bicia monety metodami sprzed kilkuset lat. Prezentacja starożytnych technik garncarskich i stolarskich, a także pradawnych obrzędów religijnych.

www.mwk.com.pl

Koniec sierpnia – Dymarki Świętokrzyskie w Nowej Słupi. Festyn historyczny, walki dawnych rycerzy, pokazy wytopu rudy żelaza metodami sprzed 2000 lat.

www.dymarki.pl

Koniec sierpnia – Święto Śliwki w Szydłowie. Największe na świecie targi i wystawy śliwek oraz śliwkowych przetworów: ciast, konfitur, dżemów, soków i innych napojów.

www.szydlow.pl

Dla szkół

 W okolicy Świętego Krzyża jest kilka miejsc, do których można dotrzeć autokarem:

• **Skarżysko-Kamienna, Muzeum im. Orła Białego** – to jedno z największych w kraju muzeów wojska. Ma bogatą kolekcję dział, czołgów i samolotów. Oferuje przejażdżki prawdziwym wozem pancernym, ale trzeba to zarezerwować na trzy dni przed przyjazdem i liczyć się z niemałym kosztem.

www.orzelbialy.skarzysko.org

• **Pacanów, Europejskie Centrum Bajki im. Koziołka Matołka** – zob. s. 152.

• **„Kraina Legend Świętokrzyskich"** – Lokalna Organizacja Turystyczna. Można wziąć udział w grach terenowych

i na 2-3-kilometrowej trasie spotkać wiele postaci z baśni i legend – czarownice, rozbójników, dawne bóstwa pogańskie czy złośliwe licho. Gry kończą się ogniskiem i wesołą zabawą.

www.bieliny.pl

JESTEŚ O KROK

• **Jędrzejów** – „Ciuchcia Ekspres Ponidzie" (zob. s. 58).

• **Wąchock** – dowcipy o nim znają chyba wszyscy. Ale nie wszyscy wiedzą, że to urokliwe, zabytkowe miasteczko, w którym można obejrzeć jeden z najpiękniejszych klasztorów w Polsce. Ma prawie 800 lat!

• **Orzechówka koło Bodzentyna, Muzeum Siekier** – 2500 maczug, siekier i toporów pod jednym dachem. A do tego prawdziwa kuźnia, w której właściciel muzeum wyrabia wspaniałe przedmioty z metalu.

www.orzechowka.com

• **Kielce, Muzeum Zabawek i Zabawy** – to chyba nie wymaga dalszych wyjaśnień, prawda?

Muzeum Zabawek i Zabawy, pl. Wolności 2, Kielce, tel. 41 34 440 78, czynne od wtorku do niedzieli w godz. 9-17, www.muzeumzabawek.eu

CHEŁM – DUCH BIELUCH

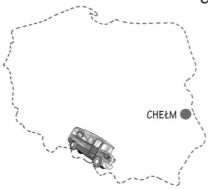

CHEŁM

Na wzgórzach leży zaciszne miasteczko skąpane w zieleni, z dostojnymi kościołami i wojskowymi koszarami z czerwonej cegły. Pod nim zaś rozciąga się kilkupiętrowa sieć jaskiń, korytarzy, magazynów, kryjówek i komnat. Ich ściany są śnieżnobiałe, bo podziemia wykuto w kredzie. Tej do pisania na tablicy. Mają one przerażających lokatorów: ducha Bielucha i białego niedźwiedzia. Odważnych zapraszamy na dół.

Z tą kredą to nie bujda

W Chełmie, a właściwie pod nim, znajduje się jedyna w Europie **podziemna kopalnia kredy piszącej**. Mieszkańcy sprzedawali ją nie tylko do wszystkich szkół w Polsce, ale także specjalistom od kosmetyków, budownictwa i produkcji farb. Wykorzystali to, że jest miękka i łatwo

w niej drążyć tunele, i w ciągu kilkuset lat zbudowali pod Chełmem prawdziwe miasto. Wchodzono do niego przez piwnice. Podobno w kredzie wykuto kilkadziesiąt kilometrów korytarzy. Dziś wiele z nich zasypano, zwłaszcza po 1965 roku, kiedy zapadła się pod ziemię cała ulica wraz ze sporym budynkiem. Obecnie można pokonać prawie 2 km jedyną trasą podziemną, gdzie ściany są białe jak w świeżo wyremontowanym domu. Uwaga! Przed zwiedzaniem warto ubrać się na biało. I tak pokryje cię kredowy pył…

Chełmskie Podziemia Kredowe „Labirynt", ul. Lubelska 55 a, Chełm, tel. 82 565 25 30, turyści indywidualni wchodzą o godz. 11, 13 i 16, grupy zorganizowane muszą rezerwować wejście trzy dni wcześniej.

 www.zabytkowakopalniakredy.pl
www.podziemiakredowe.pl

Chełmskie Podziemia Kredowe

Pora na ducha Bielucha!

Zjawia się zawsze, ilekroć w podziemiach usłyszy głosy turystów. To naprawdę przerażający widok, gdy z białej ściany wychodzi biała postać w powłóczystych szatach, świdrując turystów czarnymi oczami. Przygoda tylko dla odważnych! Duch Bieluch potrafi wysmarować zwiedzających kredą lub zaciągnąć ich do podziemnego lochu nie wiadomo na jak długo… Ale to jeszcze nic. Na szczęście zawsze można się z nim jakoś dogadać i udobruchać go, wrzucając pieniążek do starej, wyschniętej studni. Spróbuj nie mieć monety, a zobaczysz, jak się wtedy zdenerwuje!

(Nie)mały biały miś…

O wiele straszniejsze jest spotkanie z białym niedźwiedziem, którego niegdyś mieszkańcy wpuścili do podziemi, aby strzegł zgromadzonych w nich skarbów. Groźny zwierz nigdy już nie wyszedł na powierzchnię. Nie lubi turystów, więc może się zdarzyć, że w jasnym korytarzu nagle błysną jego kły… Duchy – owszem. Ale niedźwiedź w podziemiach Chełma? Jakaś bujda na resorach – powiesz. Skoro tak, sprawdź, jakie zwierzę znajduje się w herbie miasta.

JESTEŚ O KROK

• **Krupe** – ruiny potężnego zamczyska z XVI wieku, zarastające lasem. To jeden z najmniej znanych tego typu obiektów w Polsce. Niby nie straszy tam żaden duch, ale nie polecamy odwiedzin po zmroku. Jakoś nieprzyjemnie.

• **Rejowiec Fabryczny** (osiedle Pawłów) – działa tu jedna z ostatnich firm bednarskich, czyli produkujących beczki. Można je obejrzeć w fabrycznej wzorcowni, a przy odrobinie szczęścia zobaczyć, jak się je robi.

Posłuchaj Karoliny

Kto się boi ciasnych, zamkniętych pomieszczeń, czyli cierpi na chorobę zwaną klaustrofobią – niech zrezygnuje z wycieczki. Aha, w podziemiach panuje stała temperatura ok. 9°C. Zwiedzanie trwa 50-60 min. Uwaga! Można fotografować do woli i bez opłat.

PRZEWÓZ I BALTAZAR Z WIEŻY GŁODOWEJ

Nad Nysą Łużycką sterczy w lesie 22-metrowej wysokości Wieża Głodowa – pozostałość po zamku w Przewozie. W 1472 roku dwaj bracia zaciekle walczyli ze sobą o panowanie w księstwie żagańskim, które zostawił im w spadku ojciec. Jan i Baltazar, zamiast podzielić się ziemią, wszczęli wojnę. Jan schwytał brata i rozkazał wrzucić go do wieży bez wody i jedzenia. Mężczyzna zmarł z głodu, przeklinając rodzinę Jana. Klątwa podziałała, gdyż jego ród wymarł. W wieży zaś do dziś straszy upiór Baltazara. Lepiej w tym miejscu nie życzyć nikomu źle, bo a nuż znowu się spełni.

Przewóz leży nad Nysą Łużycką 23 km na południowy zachód od Żar, przy drodze nr 12. Ruiny zamku znajdują się na północ od miasteczka, nad samą rzeką.

CZOCHA I STUDNIA NIEWIERNYCH ŻON

Zamek Czocha

Brrr… okrutne tu panowały obyczaje! Przed 600 laty zamkiem władali rycerze z rodu von Nostitzów. Znani byli z bezwzględnego traktowania swych poddanych oraz własnych małżonek. Gdy żona któregoś z panów von Nostitz była mu nieposłuszna, niewierna lub spiskowała przeciw niemu, wrzucano ją do studni na dziedzińcu. Ponoć do dziś dobiegają stamtąd jęki i błagania o pomoc, a po krużgankach przechadza się Biała Dama. To nie koniec mrocznych tajemnic zamczyska: mówi się, że w jego murach i piwnicach ukryto niezmierzone skarby. W czasie II wojny światowej Niemcy urządzili tu laboratorium, w którym pracowali nad tajną bronią, i nie wszystkie urządzenia zdążyli wywieźć. Jeśli dodamy do tego wygląd Czochy, która przypomina warownię z najstraszniejszych opowieści o duchach i wampirach, można zrozumieć, dlaczego niektórzy mają tu wrażenie, że coś im się przypatruje.

Zamek Czocha, ul. Stankowice-Sucha 1, Leśna, tel. 75 721 11 85.

 www.zamek-czocha.pl

GRODZIEC I UPIORNA RODZINA

Na szczycie stromej góry
stoi zamek ponury…

Można zacząć wierszykiem, ponieważ to miejsce dokładnie tak wygląda. Mało, że sam widok zamku przyprawia o dreszcze, to straszą tu co najmniej trzy upiory. Najsłynniejsza jest Czarna Prababka, która nosi na piersiach wielki srebrny krzyż. Gdy na zamkowym korytarzu spotka ją dobry człowiek, krzyż błyszczy, ale jeżeli zły – robi się matowy. W Grodźcu mieszka też Czerwony Upiór przybierający postać kościotrupa w zbroi. Podobno nienawidzi skąpców oraz okrutników i tylko im się pokazuje. Wreszcie w zamku pojawia się duch księżniczki Elfriedy, która z zazdrości zamordowała swoją przyrodnią siostrę. Jako że nie ma zbrodni bez kary, ją samą poraził piorun, kiedy podążała na ślub z wdowcem po nieszczęsnej Rosildzie. Jeśli będziesz kiedyś nocować w zamku, miej się na baczności przed Elfriedą.

Zakład Usług Turystycznych „Zamek-Grodziec", tel. 76 877 44 52, zwiedzanie od listopada do stycznia w godz. 10-16, od lutego do marca w godz. 10-17, od kwietnia do października 10-18.

 **www.grodziec.com**

JESTEŚ O KROK

Złotoryja – skąd taka nazwa? Ano stąd, że od wieków ryto tu w ziemi (czyli kopano) najprawdziwsze złoto! Dziś można zwiedzać starą kopalnię złota „Aurelia".

Kopalnia Złota „Aurelia", zgłoszenie wejścia: Złotoryjski Ośrodek Kultury i Rekreacji, pl. Reymonta 5, Złotoryja, tel. 76 878 33 74, czynne od 1 maja do 30 września w godz. 9-16, w niedziele 10-15, www.zokir.pl

Kartka z kalendarza

Ostatni tydzień maja – Międzynarodowe Mistrzostwa Polski w Płukaniu Złota w Złotoryi. Można samemu spróbować odnaleźć drogocenny kruszec w piasku i wodzie. www.pbkz.pl

CZERMNA – KAPLICA JAK Z FILMÓW GROZY

Kaplica Czaszek w Czermnej

JESTEŚ O KROK
- **Kudowa-Zdrój, Muzeum Żaby** – ponad 2000 figurek, zabawek, portretów żab. I oczywiście kolekcja prawdziwych żabich okazów (preparatów) z całego świata.
Muzeum Żaby, ul. Słoneczna 31, Kudowa-Zdrój, tel. 74 866 14 36, czynne od poniedziałku do piątku w godz. 9-17, sobota i niedziela 9-13, www.kudowa.pl
- **Kudowa-Zdrój, Muzeum Zabawek „Bajka"** – zob. s. 151.

Brrr! To się może przyśnić. Nie spotkasz tu ducha ani wampira. Nie są potrzebne. Niedaleko kościoła św. Bartłomieja w Czermnej koło Kudowy-Zdroju znajduje się kaplica wyłożona ludzkimi czaszkami i kośćmi. Wiszą pod sufitem, na ścianach, są poukładane w ciasne stosiki… Znajdują się tu 24 tysiące czaszek! Pewien ksiądz zbierał je z okolicznych pól w latach 1776-1804. Były to szczątki ofiar wojen, epidemii chorób i klęsk głodowych.

Kaplica Czaszek, ul. Kościuszki 42, Czermna, Kudowa-Zdrój, zwiedzanie w sezonie (oprócz poniedziałku) w godz. 9.30-17.30 (przerwa pomiędzy 13 i 14), poza sezonem 10-16.

 www.czermna.pl

OGRODZIENIEC – WIECZÓR Z DUCHAMI

Ogrodzieniec, zwany Wilczą Szczęką, to jeden z najpiękniejszych polskich zamków. Zbudowano go na białych wapiennych skałach ponad 800 lat temu. Majestatyczne białe ruiny najlepiej ogląda się przy świetle księżyca. Wtedy każdy cień sprawia, że drżysz ze strachu… Ale co to? Z wyłomu w murach wyłaniają się strzygi, upiór, wilkołak i krwawy hrabia Warszycki, a za nim czarny pies ciągnący za sobą łańcuch. No to, bratku, wpadłeś! Za chwilę porwie cię piekielny korowód… Okej, wszyscy piszczą ze strachu, ale jakoś nikt nie ucieka.

W końcu zapłacili za to, by spędzić wieczór w towarzystwie potwornych gości z zaświatów. W Ogrodzieńcu organizowane są bowiem Wakacje i Wieczory z Duchami.

Zamek Ogrodzieniec, ul. Kościuszki 66, tel. 32 673 22 20, zwiedzanie: kwiecień w godz. 11-18 (w zależności od pogody), od maja do sierpnia – codziennie 9-20, wrzesień – codziennie 9-19 (do zmroku), październik 10-18 (w zależności od pogody), listopad 10-15 (w zależności od pogody). Wakacje z Duchami dla turystów indywidualnych organizuje się w każdy piątek i sobotę w lipcu i sierpniu. Dla grup od kwietnia do października odbywają się Wieczory z Duchami.

 www.zamek-ogrodzieniec.pl

Dla szkół

 Ogromnym zainteresowaniem cieszą się imprezy z cyklu „Tydzień Edukacyjny na Górze Birów", odbywające się nieopodal zamku dwa razy w roku – w maju i październiku. Grupy szkolne zapoznają się np. z wierzeniami i życiem codziennym Prasłowian oraz z historią XVII-wiecznych wojen Rzeczypospolitej z Kozakami.

Zamek Ogrodzieniec

SAM ZOSTAŃ STRACHEM!!!

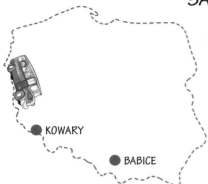

KOWARY

BABICE

Nie masz przypadkiem ochoty sam kogoś nastraszyć w starym zamku? Zazwyczaj nie wolno biegać po zabytkach, krzycząc „Uuuuu!" i brzęcząc starym żelastwem. Są jednak miejsca, gdzie od czasu do czasu nie tylko nie jest to zabronione, ale nawet wskazane.

Zamek Lipowiec – Zlot Wiedźm i Czarownic

W odległości 8 km od Chrzanowa, w miejscowości Babice, na wzgórzu szczerzy się jeden ząb wieży zamkowej. Warto tu przybyć zwłaszcza w ostatni weekend wakacji, na coroczny Zlot Wiedźm i Czarownic. Co się wtedy wyrabia! Są konkursy na największy kapelusz czarownicy, na najbardziej odlotową fryzurę, odbywają się pokazy białej, czarnej i kolorowej magii, wybory Miss Czarownic, magiczne turnieje itp.

Udział w imprezie jest zazwyczaj płatny, więc warto wcześniej skontaktować się z organizatorami, by zapytać, ile trzeba przygotować pieniędzy.

Gminny Ośrodek Kultury i Sportu, ul. Krakowska 47, Babice, tel. 32 613 40 94. Zamek można zwiedzać codziennie w godz. 8-18.

 www.babice.pl

JESTEŚ O KROK

• **Alwernia** – dla dużych i małych pasjonatów straży pożarnej otwarto tu Małopolskie Muzeum Pożarnictwa. Można w nim obejrzeć samochody, konne zaprzęgi strażackie, motopompy, sprzęt pożarniczy oraz hełmy.

Ochotnicza Straż Pożarna, ul. Korycińskiego 10, Alwernia, tel. 12 283 23 23, www.ospalwernia.cba.pl/muzeum.html

• **Czerna, Diabelski Most przy klasztorze Karmelitów** – diabła, co prawda, nikt tu od dawna nie widział, ale miejsce jest niezwykłe. Kamienny most ma ponad 300 lat i prowadził do siedzib pustelników w ciemnym lesie. Wracając ze Zlotu Wiedźm i Czarownic, warto zrobić sobie na nim klimatyczne zdjęcia w kostiumach.

• **Przeginia, Jaskinia Wierzchowska** – najdłuższa polska trasa turystyczna poprowadzona w jaskiniach. Można ją zwiedzać z przewodnikiem. Atrakcją są nietoperze i jadowite pająki (spokojnie, nic ci nie grozi, wystarczy nie wtykać palców w pajęczyny). Biuro „Gacek", które opiekuje się jaskinią, ma bogatą ofertę dla grup szkolnych.

Biuro Usług Turystycznych „Gacek", ul. Bandurskiego 16/11, Kraków, tel. 12 411 07 21, www.gacek.pl

Park Miniatur Zabytków Dolnego Śląska w Kowarach

mowe jest groźniejsze od duchów, ale tutaj nikomu nic nie grozi. Poziom promieniowania nie przekracza dopuszczalnych norm. Podziemna trasa turystyczna ma 1200 m, zwiedzanie trwa godzinę. Trzeba się ciepło ubrać, bo temperatura na dole wynosi tylko 8°C.

Podziemna Trasa Turystyczna „Sztolnie Kowary", ul. Podgórze 55, Kowary, tel. 75 752 84 58. Kopalnia czynna jest w kwietniu, maju, czerwcu, wrześniu i październiku w godz. 10-18, w lipcu i sierpniu w godz. 10-20, od listopada do marca do 16. Wejścia o każdej pełnej godzinie, ostatnie zawsze na godzinę przed zamknięciem.

 www.kowary.pl
www.sztolniekowary.com

Kowary – Zlot Duchów Podziemi i nie tylko

Pierwszy Zlot Duchów Podziemi odbył się w tej sympatycznej miejscowości, znanej z produkcji dywanów, we wrześniu 2009 roku. Okazał się strzałem w dziesiątkę, bo chętnych do straszenia nie brakowało, a niektóre poczwary i maszkary przybyły aż spod Krakowa. Warto zasięgnąć języka, czy impreza będzie powtarzana.

Inną atrakcją Kowar jest **podziemna wycieczka po sztolniach**. W kopalni wydobywano kiedyś rudę żelaza i radioaktywny uran. Spokojnie! Wiadomo, że napromieniowanie ato-

W Kowarach warto też zobaczyć **Park Miniatur Zabytków Dolnego Śląska**. Spacerując uliczkami, przy których stoją kościoły i zamki metrowej wysokości, nawet sześciolatek poczuje się jak Godzilla. Karambol nie posiadał się z radości – pierwszy raz w życiu mógł zajrzeć przez okna, i to nawet na trzecim piętrze!

Park Miniatur Zabytków Dolnego Śląska, ul. Zamkowa 9, Kowary, tel. 75 752 22 42, czynne przez cały rok w godz. 9-18.

 www.park-miniatur.com

Przechlupane wyprawy

Najprzyjemniej jest w wodzie – podczas kąpieli, pływania łódką, kajakiem czy na materacu. W tej części wybierzemy się nad wodę i do wody. Poczujemy pod nogami basenowe kafelki i piasek plaży. Zwiedzimy kawałek świata, kołysząc się na falach, płynąc z prądem i pod prąd, machając wiosłami, rękami, nogami, albo wylegując się na pokładzie statku pasazerskiego.

WIOSŁA W DŁOŃ! SPŁYWY KAJAKOWE I TRASY WODNE

POLAŃCZYK

JESTEŚ O KROK

Góra Grabarka – święte miejsce Kościoła prawosławnego. Od 300 lat wierni przynoszą krzyże i ustawiają je na wzgórzu wśród lasów. To niezwykły i poruszający widok. Nawet jeśli jest się innego wyznania, warto tu przyjechać. U podnóża góry bije w ziemi cudowne źródełko z podobno uzdrawiającą wodą.

Mazowsze – Podlasie, czyli wycieczki po Bugu

To nie tylko rozkosz płynięcia dziką rzeką wśród nieskażonej przyrody, nieprzebytych lasów, ptasich gniazd i bobrowych żeremi. Drugiej tak pięknej rzeki, może poza Rospudą, nie ma w całej Europie! Trasy kajakowe poprowadzono w taki sposób, by podczas krótkich wypadów na ląd obejrzeć jak najwięcej ciekawych miejsc, zabytków i pamiątek po II wojnie światowej. Warte polecenia są trasy Gnojno – Fronołów oraz Fronołów – Drohiczyn, na których można zobaczyć: radzieckie bunkry z czasów wojny (tzw. linię Mołotowa) we Fronołowie, ruiny zamku i klasztoru na górze zamkowej w Mielniku oraz przepiękne, tajemnicze miasto o tysiącletnim rodowodzie – Drohiczyn.

Podlasie słynie z co najmniej kilku rzek, które najlepiej ogląda się z kajaka, m.in. Supraśli, Rospudy i Narwi. Wypożyczalni kajaków i organizatorów takich wodnych wypraw jest mnóstwo, dlatego przed wyjazdem najlepiej poszperać w Internecie.

www.kajaki.nadbugiem.pl
www.wrotapodlasia.pl

Mazury – spływy Krutynią

Szlak Krutyni nie bez powodu uważa się za jeden z najpiękniejszych i najbardziej malowniczych w Europie. Spływy kajakowe tą rzeką przebiegają na trasach różnej długości – od 13 km do 25 km (a więc 3-8 godz. machania wiosłami). Dla chętnych jest nawet impreza na całym 100-kilometrowym szlaku, ale to już wyprawa na kilka dni. Organizatorzy zapewniają transport, opiekę, sprzęt i właściwie wszystko, czego potrzeba do bezpiecznego i przyjemnego spędzenia paru godzin na wodzie. Krutynia przepływa przez jeziora i lasy, czasem całkowicie znika pod ich zielonym parasolem, a miejscami kajaki przedzierają się przez bagna, grądy oraz zalane łąki wśród traw i kwiatów.

www.kajaki.krutynia.com.pl
www.splywy.pl
www.krutynia.com.pl

Małopolskie – spływy Nidą

To jedna z najcieplejszych rzek w Polsce – latem jej temperatura sięga nawet 27°C. Spływ z Pińczowa do Wiślicy i Nowego Korczyna to prawie 40-kilometrowa trasa. Jeden dzień może nie wystarczyć, by ją pokonać. Płynie się przez żyzne, zielone krajobrazy pełne starych budowli, niezwykłych skał i wzgórz, wśród wyjątkowej przyrody, niekiedy tuż pod zwieszającymi się nad wodą konarami płaczących wierzb. Można odnieść wrażenie, że czas się tu zatrzymał i że nikt wcześniej nie dotarł w te okolice.

 www.splywy-kajakowe.pl

JESTEŚ O KROK
Przejazd kolejką wąskotorową „Ciuchcia Ekspres Ponidzie" – zob. s. 58.

Lubelskie – spływy Wieprzem

Od Obroczy do Dęblina rozciągają się malownicze starorzecza, zobaczysz tu całą masę ptaków, bobry, stare młyny, nieczynne mosty. Słowem, jest to podróż przez krainę fantazji. Ponadto na Lubelszczyźnie spływy kajakowe odbywają są na Wiśle, Bugu, Tanwi, Uherce i Chodelce. Organizatorzy zapewniają transport powrotny, strzeżony parking, opiekę doświadczonych przewodników-kajakarzy, a nawet imprezy z kiełbaskami przy ognisku.

 www.turystyka.lubelskie.pl

Pojezierze Pomorskie – spływy Drawą

Drawa to jedna z nielicznych polskich rzek, których wody mają pierwszą klasę czystości. Żyje tu wiele gatunków ptaków, ryb i ssaków. Kto chce podpatrywać z kajaka dziką przyrodę, ten się nie zawiedzie. Spływy Drawą trwają od 1 do 10 dni. Na miejscu, w Czaplinku, Złocieńcu czy Drawnie, można wypożyczyć wszystko – od kajaka i kamizelki ratunkowej po namiot i widelec. Drawa przepływa przez park narodowy, parki krajobrazowe, jeziora, a nawet przez poligon. Dla tych, którzy wolą piesze i rowerowe wyprawy wśród dzikiej przyrody, Pojezierze Drawskie to wymarzone miejsce.

www.splywykajakowedrawa.pl
www.mrowka.pl
www.splywkajakowy.ovh.org

Polańczyk

Wieś położona nad brzegiem **Jeziora Solińskiego** jest fantastycznym ośrodkiem turystyczno-wypoczynkowym na uprawianie sportów wodnych. Są tu wypożyczalnie łódek, żaglówek i kajaków. Niech cię nie zdziwi, jeśli wpłyniecie kiedyś

JESTEŚ O KROK

Borne Sulinowo – miasto wojskowe położone w połowie drogi między Czaplinkiem a Szczecinkiem. W dodatku tajne!
Aż do 1992 roku oficjalnie nie było go ani na mapach, ani w spisach, ani nawet w urzędowych dokumentach. To dlatego, że wojska radzieckie miały tu swoją tajną bazę, poligony, kryjówki dla rakiet bojowych. Nie ma tu zardzewiałych czołgów ani porzuconych hełmów, ale warto pochwalić się kolegom, że odwiedziło się miasto, które jeszcze kilkanaście lat temu formalnie nie istniało.
www.bornesulinowo.pl

pomiędzy wystające z wody gałęzie drzew! Jezioro Solińskie to sztuczny zbiornik wodny. Kilkadziesiąt lat temu, zanim wybudowano tamę, znajdowała się tu piękna górska dolina z wsiami, zamieszkana przez ponad 3000 ludzi. Wszystkich trzeba było przeprowadzić do nowych domów, a ich ogrody, sady, zagajniki leśne i domostwa zostały zalane. Dodatkową atrakcją jest imponująca **zapora wodna w Solinie**, którą można zwiedzać. Rozciąga się z niej niebywały wi-

Zapora wodna na Jeziorze Solińskim

dok na okolicę. Tama ma prawie 665 m długości i 82 m wysokości! Podczas zwiedzania schodzi się z najwyższego jej punktu na sam dół – aż 6 m poniżej dna Jeziora Solińskiego.

Centrum Informacji Energetyki Odnawialnej przy Elektrowni Wodnej Solina, tel. 13 492 12 75. Zaporę można zwiedzać od 1 maja do 30 września w dni powszednie w godz. 9-17, w niedziele i święta 9-15, od 1 października do 30 kwietnia w dni powszednie 9-15.

www.esolina.pl
www.solina.pl/zwiedzanie-zapory

Śluza na Kanale Augustowskim

Kanał Augustowski

To 101 km drogi wodnej i aż 18 śluz, czyli urządzeń podnoszących i opuszczających statki tam, gdzie jeziora oraz kanały leżą na różnych wysokościach. Na wodzie nie da się przecież zrobić schodów, prawda? Kajaki niejeden raz podróżują więc w górę i w dół wodną windą. Wzdłuż Kanału Augustowskiego mieści się kilkanaście wypożyczalni sprzętu. Można też wynająć statek wycieczkowy (rejsy trwają 1,5 godz. i 2,5 godz.).

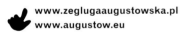
www.zeglugaaugustowska.pl
www.augustow.eu

Kartka z kalendarza

Czerwiec – Ogólnopolskie Dni Flisactwa w Ulanowie na Podkarpaciu. Co roku odbywają się tu zawody i wyścigi sterujących tratwami flisaków z całej Polski i Europy.

www.flisacy.orh.org, www.ulanow.pl

Lipiec – Mistrzostwa Polski w Pływaniu na Byle Czym w Augustowie na Podlasiu. Dzielne załogi biorące udział w konkursie udowadniają, że pływać wszystko może. Robią statki ze starych samochodów, pudełek, puszek po napojach, kaloszy, wanien i opon.

Augustów, błonia nad rzeką Nettą, impreza odbywa się co roku w ostatni weekend lipca.

www.augustow.pl

W KRÓLESTWIE WODY I KAFELKÓW

płytki basen do wodnej „nauki jazdy", czyli szkółki pływackiej. Dorośli mogą skorzystać z sauny lub gabinetu odnowy biologicznej.

Park Wodny „Tarnowskie Góry", ul. Obwodnica 8, Tarnowskie Góry, tel. 32 393 39 31, czynne codziennie w godz. 6-22 (basen, jacuzzi, solanka), 7-22 (siłownia), 8-22 (pozostałe atrakcje).

 **www.parkwodny.com.pl**

Park Wodny „Tarnowskie Góry"

W tym obiekcie, zbudowanym w 2010 roku, atrakcji nie brakuje. Są tu trzy wodne zjeżdżalnie, baseny z hydromasażem, pływalnia sportowa, basen ze sztucznymi falami i „dziką rzeką" oraz

Aquapark Polkowice

Tu zjeżdża się do basenu po trąbie słonia. Wieloryb tryska wodą, „dzika rzeka" próbuje porwać śmiałków, którzy chcą ją przejść lub przepłynąć, kto zaś odpadnie ze ścianki wspinaczkowej, ten wyląduje prosto w basenie!

Dla zmarzluchów ważna informacja: woda ma przeciętnie temperaturę 30°C. Na kaskaderów i nieustraszonych pogromców słodkich wód czeka 164-metrowa zjeżdżalnia. Można się na niej rozpędzić do 25 km/godz.

Dobra wiadomość dla rodziców: woda jest nasycona ozonem, a nie chlorem, czyli kąpiel to samo zdrowie. Poza tym są cztery zjeżdżalnie wodne, sauny, solaria, a nawet specjalna szkółka pływacka dla niemowlaków – aquabobas.

Aquapark Polkowice, ul. Młyńska 4, Polkowice, tel. 76 746 27 51, czynne codziennie w godz. 6.30-22 (kompleks basenów), 6-22 (basen sportowy), 6.30-21.30 (sauna, solarium).

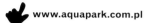 www.aquapark.com.pl

Białostocka „Tropikana"

Drogo, ale za to luksusowo. Aquapark znajduje się przy hotelu Gołębiewski. Woda ma zawsze temperaturę powyżej 30°C. Jest tu kilka basenów – od brodzików do głębokich pływackich, oraz jacuzzi, zjeżdżalnie i sauny. Jeśli ktoś ma dość upałów, może skorzystać z jaskini śnieżno-lodowej.

Park Wodny „Tropikana", ul. Pałacowa 7, Białystok, tel. 85 678 25 00, czynne codziennie w godz. 8-22, dla grup zorganizowanych – od poniedziałku do piątku w godz. 8-15.

 www.golebiewski.pl/hg_bialystok

JESTEŚ O KROK

• **Białystok, Muzeum Wojska** – wśród eksponatów jest słynna niemiecka maszyna szyfrująca Enigma.

Muzeum Wojska, ul. Kilińskiego 7, Białystok, tel. 85 741 64 49, 85 741 54 48, czynne od wtorku do niedzieli w godz. 9.30-17.

• **Wasilków, Białostockie Muzeum Wsi** – ok. 15 km od Białegostoku w kierunku Augustowa. Są tu stuletnie zabudowania wiejskie, w tym wiatrak i karczma. Często odbywają się kiermasze i jarmarki oraz przeglądy sztuki ludowej.

Białostockie Muzeum Wsi, ul. Nadawki 21 c, Wasilków, tel. 85 743 60 82, www.bialostockiemuzeumwsi.pl

---

Woda płynie w Krotoszynie

Obiekt nazywa się skromnie – „Wodnik". Znajdują się tu basen sportowy z podwodnym masażem, gejzerem i hydroma-

sażem, fontanny oraz zjeżdżalnia wodna. W basenie rekreacyjnym woda ma metr głębokości, jest to więc idealne miejsce dla rodziców z małymi dziećmi.

Centrum Sportu i Rekreacji „Wodnik", ul. Mahle 4, Krotoszyn, tel. 62 722 67 60, 62 722 80 76, czynne codziennie w godz. 6-22.

 www.kpwodnik.com.pl

Słowianka z Gorzowa Wielkopolskiego!

Gorzów Wielkopolski szczyci się nowoczesnym parkiem wodnym „Słowianka" z ciepłą wodą. Maluchy mogą pluskać się w brodziku ze zjeżdżalnią i fontanną. Starsze dzieci mają do dyspozycji zjeżdżalnie o różnej długości. Są też „dzika rzeka" płynąca pod palmami, masaże wodne i bąbelkowe oraz basen sportowy.

Centrum Sportowo-Rehabilitacyjne „Słowianka", ul. Słowiańska 14, Gorzów Wielkopolski, tel. 95 733 85 00, czynne w godz. 6-21.45.

 www.slowianka.pl

---

JESTEŚ O KROK

• **Świerkocin, Zoo Safari** – zob. s. 42-43.
• **Pniewy, Międzyrzecki Rejon Umocniony** – zob. s. 111-113.

Kielce mokre wielce

Pływalnia „Perła" w Sitkówce-Nowinach to stały punkt wielu wycieczek krajoznawczych po Górach Świętokrzyskich. Jej atrakcją jest kręta, zjazdowa rura o długości 93 m. Basen ma maksymalnie tylko 1,6 m głębokości, należy więc do najbezpieczniejszych obiektów tego typu w Polsce. Uwaga! Woda nie jest chlorowana, tylko ozonowana.

Kryta Pływalnia „Perła", ul. Zagrody 67, Sitkówka-Nowiny, tel. 41 346 52 60, czynne codziennie w godz. 6-22.

www.perla.maximum.pl

JESTEŚ O KROK

• **Jaskinia Raj** – zob. s. 108.

• **Zagnańsk, dąb Bartek** – podobno jedno z najstarszych drzew w Polsce. Ma ok. 700 lat! Aby objąć pień, potrzeba aż 10 osób, gdyż jego obwód wynosi ponad 13 m. Król Jan III Sobieski, wracając spod Wiednia, pozostawił w dziupli dębu butelkę wina, szablę i rusznicę. Bartek ma własne piorunochrony, aby nie zrobiła mu krzywdy zabłąkana błyskawica. Jesienią warto zebrać kilka żołędzi i posadzić je w swoim ogrodzie lub w parku niedaleko domu. W ten sposób dzieci Bartka zwiedzą świat i wyrosną na równie piękne drzewa.

Dąb Bartek

• **Zamek w Chęcinach** – przepiękne ruiny na wspaniałej skale z widokiem zapierającym dech w piersiach. Przed 700 laty była to najważniejsza warownia Królestwa Polskiego.

Centrum Informacji Turystycznej i Historycznej „Niemczówka", tel. 41 315 18 29, zamek czynny codziennie od kwietnia do września w godz. 8-20, od października do marca w godz. 8-16, dojazd do zamku z miasteczka Chęciny ul. Jędrzejowską, www.checiny.pl

Wielkie Jeziora Mazurskie

Kraina mazurskich jezior jest najpiękniejsza, gdy ogląda się ją z pokładu, ale wiadomo, że nie każdy umie sterować jachtem i niekoniecznie musi mieć patent żeglarza lub sternika, czyli takie wodne prawo jazdy. Można za to wybrać się w rejs statkiem białej floty. Duże i małe wycieczkowce, które czasami pogardliwie nazywa się „żelazkami", kursują na trasie Ruciane-Nida – Mikołajki – Giżycko. Ciekawe są też rejsy do Rynu lub po największym polskim akwenie – jeziorze Śniardwy. Wycieczka statkiem ma tę zaletę, że „żelazko" jest na szlakach żeglugowych „pojazdem uprzywilejowanym" i wszystkie łódki mu ustępują. Niestety, jego silnik dość głośno pracuje, a wibracje odczuwalne są na pokładzie i wewnątrz jednostki. Jeśli ktoś ma chorobę lokomocyjną, niech przemyśli

sprawę. A jeżeli już się zdecyduje, to powinien podróżować na odkrytym górnym pokładzie.

Zabytkowy most obrotowy w Giżycku

Fantastycznie płynie się z Mikołajek do Rucianego, ponieważ, aby dostać się z jeziora Bełdany na Jezioro Nidzkie, statek musi skorzystać ze śluzy, która pozwala na przepłynięcie przez akweny leżące na różnych wysokościach. Potężna jednostka wędrująca w górę lub opuszczana w dół tylko za pomocą pompowanej wody – to fascynujący widok, zwłaszcza dla najmłodszych pasażerów. Statki kursują po Mazurach codziennie od maja do października.

 **www.zeglugamazurska.com.pl**

JESTEŚ O KROK

• **Giżycko, Twierdza Boyen** – tę wielką i groźną fortecę wybudowano w połowie XIX wieku. Jest w doskonałym stanie. Odbywają się tu m.in. imprezy militarne, koncerty szantowe i zloty motocyklistów.

Twierdza Boyen, ul. Turystyczna 1, Giżycko, tel. 87 428 83 93, aktualne godziny otwarcia najlepiej sprawdzić w Internecie, www.boyen.gizycko.pl

• **Giżycko, most obrotowy nad Kanałem Łuczańskim** – to jedyny taki obiekt w Polsce. Jest zawieszony bardzo nisko nad wodą, tak że przepływają pod nim tylko kajakarze i niewielkie żaglówki ze zdjętymi masztami. O ustalonych godzinach operator włącza czerwone światła dla samochodów, wkłada w gniazdo w moście wielką korbę i obraca całą konstrukcję, idąc wokół otworu i pchając drążek. W ten sposób przesuwa kilkunastotonowy most, który otwiera się jak drzwi do pokoju. Statki białej floty, jachty i motorówki mogą wtedy przepłynąć przez kanał. Po 20 min most jest ponownie zamykany za pomocą korby. Wówczas jednostki pływające czekają, górą zaś jadą samochody.

Most obrotowy nad Kanałem Łuczańskim, aktualne godziny otwarcia najlepiej sprawdzić w Internecie (w okresie zimowym wstęp wolny), www.gizycko.pl

Zatoka Gdańska i Bałtyk

Z portów, m.in. w Gdyni, na Helu, w Jastarni, Kołobrzegu, Ustce, Świnoujściu, Łebie czy w Darłówku, wychodzą w morze statki wycieczkowe. Niektóre zapewniają regularną komunikację, np. między Półwyspem Helskim a Gdańskiem i Gdynią. Na tych trasach pływają dwukadłubowe jednostki – prawdziwe tramwaje wodne. Inne po prostu zabierają turystów w rejsy po gdańskim porcie lub wypływają kilka kilometrów w morze. Wśród nich są zwykłe statki wycieczkowe, statki przerobione na pirackie karawele, łodzie wikingów czy chińskie dżonki. Zazwyczaj na pokładach puszczają głośną muzykę, serwują frytki na pamiętającym czasy młodości rodziców oleju, a czasami pozwalają dzieciakom przymierzać tandetne zbroje oraz hełmy i fotografować się w tym ekwipunku. Na pokład wchodzi tylu pasażerów, że zdobycie dobrego miejsca graniczy z cudem. Innymi słowy, nie jest to szczyt luksusu. Jednak każdy chłopak i dziewczyna pragnie przeżyć morską podróż. Dlatego statki mają zawsze komplet pasażerów.

Posłuchaj Karoliny

Na takim statku zawsze trochę buja. Albo nawet bardziej niż trochę. Dlatego niektórzy mogą poczuć się... no wiesz, nie za bardzo... Mój braciszek, który chwalił się, że zostanie piratem, jak dorośnie, nie ma nic do powiedzenia, ponieważ jak tylko wyszliśmy z portu, zrobiło mu się niedobrze. I już nie udaje pirata z Karaibów. Mnie nic nie było, ale połowa naszej wycieczki miała lekko zielone twarze. Moja rada: nie wypływać w rejs po jedzeniu i nie siedzieć w środku statku, tylko na pokładzie. Na świeżym powietrzu trochę mniej czuć bujanie.

Jedziemy na safari!

Podróż do Afryki? Trzeba spakować tyle rzeczy... Zaraz, zaraz, spokojnie. Wybieramy się na safari, ale u nas, w Polsce, nie w żadnej Afryce. Zamiast strzelb wystarczą aparaty fotograficzne. Przydadzą się też na pewno atlas zwierząt i krem z filtrem UV. Na szczęście nie musimy przyjmować szczepionek, ale środek przeciw kleszczom i komarom może okazać się niezbędny.

CZYTASZ I WIESZ, GDZIE DZIKI MIESZKA ZWIERZ

MIĘDZYZDROJE
KOSEWO GÓRNE
KADZIDŁOWO
SUCHOWOLA
ŚWIERKOCIN
BIAŁOWIEŻA
BORYSEW
WARSZAWA
WROCŁAW
BAŁTÓW

Białowieża, czyli tysiąckilogramowy król puszczy

Puszcza Białowieska to ostatni zachowany fragment pradawnych lasów w Europie. Kilkanaście tysięcy lat temu tak wyglądała większość naszego kontynentu: wszędzie rozciągały się absolutnie dzikie, nieprzebyte lasy. Spośród prawie 12 tysięcy gatunków zwierząt zamieszkujących puszczę warto skupić się na jej królu – brodatym żubrze. **Rezerwat Pokazowy Żubrów** leży pomiędzy Białowieżą a Hajnówką. Łatwo do niego trafić, gdyż podróżnych prowadzą tablice i drogowskazy. Kiedyś zwierzęta te żyły tu w stanie dzikim, dziś trzeba je chronić, bo są cenne i niewiele ich pozostało. Białowieski rezerwat zamieszkuje kilkanaście okazów.

Mają ponad 2 m w kłębie, czyli w najwyższym miejscu grzbietu, i ważą do 1000 kg.

Na miejscu można też obejrzeć **żubronia** – zwierzę, które powstało ze skrzyżowania żubra z krową. W zagrodach i na wybiegach przechadzają się również daniele, jelenie, łosie, sarny, dziki i wilki, a także koniki polskie, czyli tarpany – niezbyt duże, za to bardzo silne i wytrzymałe.

Do rezerwatu najlepiej dojść z Białowieży ścieżką dydaktyczną „Żebra Żubra". Uwaga! To 3 km spaceru tam i z powrotem. Jeśli najmłodsi nie wytrzymają marszu w obie strony, dobrze wydelegować kogoś dorosłego, aby czekał z autem na drugim końcu ścieżki, blisko wejścia.

Rezerwat Pokazowy Żubrów, tel. 85 681 23 98, czynne codziennie od 15 kwietnia do 15 października w godz. 9-17, od 16 października do 14 kwietnia od wtorku do niedzieli w godz. 8-16.

 www.bpn.com.pl

JESTEŚ O KROK

- **Góra Grabarka** – zob. s. 30.
- **Hajnówka, kolejka wąskotorowa** – dłuższa trasa (11 km) do Topiła zajmuje ok. 4 godz., krótsza (6 km) do Postołowa trwa ok. 2 godz. Grupy szkolne i wycieczki powinny zarezerwować przejazd.

Nadleśnictwo Hajnówka, Kolejki Leśne, ul. Dzielnicowa 12, Hajnówka, tel. 85 682 26 89, www.powiat.hajnowka.pl, www.hajnowka.pl

- **Ciechanowiec, Muzeum Rolnictwa im. ks. Krzysztofa Kluka** – ciekawy skansen budownictwa wiejskiego i muzeum rolnictwa z zabytkowymi maszynami, jakie przed prawie stu laty pomagały ludziom w pracach polowych. Główne atrakcje to młyn wodny, przejażdżki bryczkami oraz festyny i ciekawe imprezy edukacyjne.

Muzeum Rolnictwa im. ks. Krzysztofa Kluka, ul. Pałacowa 5, Ciechanowiec, czynne w godz. 8-16 (w sobotę i niedzielę od 9), www.muzeumrolnictwa.pl

Uwaga, ciekawostka!

Jadąc z Hajnówki do Augustowa (lub w drugą stronę), warto zatrzymać się w Suchowoli. Znajduje się tu **GEOGRAFICZNY ŚRODEK EUROPY**. Turyści robią sobie zdjęcie przy kamieniu, na którym ów środek zaznaczono. Mieszkańcy Suchowoli żartują, że może nie są pępkiem świata, ale pępkiem Europy na pewno!

Posłuchaj Karola

Wspaniale jest odwiedzić Białowieżę zimą. Dzikie zwierzęta są wtedy doskonale widoczne na śniegu. W dodatku w puszczy zimuje wiele gatunków ptaków przylatujących do nas z Dalekiej Północy.

Kartka z kalendarza

Marzec-kwiecień – konkurs na najpiękniejszą palmę wielkanocną w Ciechanowcu.

Maj – Międzynarodowy Festiwal Muzyki Cerkiewnej „Hajnówka".

Czerwiec – Ogólnopolskie Dni Truskawki w Korycinie.

Lipiec – Noc Kupały w Białowieży.

Sierpień – Podlaskie Święto Chleba w Ciechanowcu.

Wrzesień – Ogólnopolski Dzień Ogórka w Kruszewie.

Międzyzdroje – żubry na wyspie

Żubry można oglądać nie tylko w Białowieży. Zagroda pokazowa tych zwierząt na **wyspie Wolin** wciąż się rozrasta i zajmuje już 28 hektarów. Od centrum Międzyzdrojów jedzie się tu kilka minut samochodem, można też dotrzeć rowerem lub szlakiem pieszym (mniej więcej 1500 m w jedną stronę). Żubry sprowadzono na Wolin w 1976 roku z Borek i Białowieży. Stado liczy od 6 do 12 sztuk, ogląda się je przez siatkę lub ze specjalnych tarasów widokowych. W osobnej zagrodzie z wybiegiem znajdują się zwierzaki z okolicznych lasów, które trafiły tu na leczenie. Są więc sarny, dziki i jelenie oraz bieliki.

Dojazd samochodem ok. 1,5 km od centrum Międzyzdrojów na parking „Kwasowo", dojście do żubrów ul. Leśną, także ok. 1,5 km. Czynne od maja do września od wtorku do niedzieli w godz. 10-18, od października do kwietnia – od wtorku do soboty w godz. 8-16.

www.miedzyzdroje.info.pl
www.wolinpn.pl

Świerkocin:
„Tato, struś puka w szybę!"

W Świerkocinie, niedaleko Gorzowa Wielkopolskiego, znajduje się prawdziwe **safari**. Na razie jedyne w Polsce dla zmotoryzowanych. Uwaga, będzie prawie jak w Afryce! Przemierzysz tam tereny imitujące afrykańskie sawanny, australijskie pustkowia, amerykańskie prerie i mongolskie bezdroża. Czeka na ciebie ponad 400 egzotycznych zwierząt! Spotkasz m.in. owce grzywiaste, antylopy i bawoły. Do wnętrza samochodu zajrzy ciekawski struś, wielbłąd lub konik Przewalskiego.

Na pewno zrobisz fantastyczne zdjęcia pasących się zebr czy afrykańskich bawołów. Przyda się teleobiektyw albo aparat z dobrym zoomem. Najmłodsi podróżnicy mają dodatkową rozrywkę – wesołe minimiasteczko z huśtawkami, karuzelą, diabelskim młynem i zjeżdżalniami.

Zoo Safari Świerkocin (w połowie drogi między Kostrzynem nad Odrą a Gorzowem Wielkopolskim), tel. 95 751 19 29, czynne codziennie od Wielkanocy do końca września w godz. 10-18, od maja do sierpnia 10-19.

www.zoo-safari.com.pl

Posłuchaj Karoliny

W Świerkocinie zwierzaki wtykają głowy do samochodu, ale nie wolno ich dokarmiać. Za to oraz za wysiadanie z auta można zapłacić wysoki mandat! Ale już w dziecięcym zoo czeka stadko głodnych dziwadeł. Z ręki jadły mi m.in. chińskie świnki, kózki, małe osiołki i alpaki. Pamiętaj, że można dawać im wyłącznie jedzenie, które kupuje się na miejscu. Słodycze i kanapki – absolutnie wykluczone.

Posłuchaj Karola

No i jest jeszcze takie zwykłe zoo, z klatkami. Trzymają w nich lwy, kangury i szopy pracze. Te ostatnie wypuszczone na wolność zaraz zwiałyby do najbliższego miasteczka, aby nocami polować na koty i kraść jedzenie, włażąc do domów przez okna. Fajnie byłoby oswoić takiego szopa. A najbardziej żałuję, że lwy nie biegają tu swobodnie, tak jak zebry czy bawoły. Gdybyśmy naszym autem uciekali przed takim dzikim kotem, to byłaby przygoda!

JESTEŚ O KROK

- **Sieraków Wielkopolski, słynna stadnina koni** – można zwiedzać zabytkowe stajnie, pojeździć konno lub bryczką, wziąć lekcje konnej jazdy i zwiedzić urokliwy park krajobrazowy.

Stado Ogierów Sieraków Sp. z o.o. ul. Stadnina 14, Sieraków, tel. 61 295 25 11, czynne przez cały rok (oprócz niedzieli) w godz. 9-15, www.stadosierakow.pl

- **Gorzów Wielkopolski, park wodny** – zob. s. 35.
- **Pniewy, Międzyrzecki Rejon Umocniony** – zob. s. 111-113.

Prywatny Park Dzikich Zwierząt w Kadzidłowie

Założył go zoolog dr Andrzej Krzywiński, który bada obyczaje zwierząt, a przy okazji przygarnia ranne ssaki i ptaki, które przynoszą mu okoliczni mieszkańcy. Wielki zalesiony obszar zasiedlają więc zgodnie jelenie polskie, syberyjskie jelenie Dybowskiego, daniele, łosie, kozy, osły, konie, w tym koniki polskie, oraz dziki. Są tutaj także żubry i prawdziwy amerykański bizon, ponadto żurawie, bociany, cietrzewie, głuszce, rysie, bobry, a nawet wilki (bez obaw, jeszcze nikogo ze zwiedzających nie pogryzły). Można na własne oczy zobaczyć, jak karmi się z ręki sowę lub tarmosi za uszy żubra.

Park Dzikich Zwierząt im. prof. Benedykta Dybowskiego, czynne od godz. 9 do zmierzchu, dojazd od szosy Mikołajki – Ukta.

www.kadzidlowo.pl

Kosewo Górne – ferma jeleniowatych

To ogromny teren, gdzie na wybiegach pasie się dosłownie wszystko, co ma rogi. Zwierzaki są ufne i czę-

sto podchodzą do zwiedzających. W miejscowym muzeum można obejrzeć setki poroży; organizowane są multimedialne lekcje o przyrodzie.

Stacja Badawcza Instytutu Parazytologii PAN, Kosewo Górne, tel. 89 742 43 80, czynne od 1 maja do 31 sierpnia w godz. 10-17 z wyjątkiem poniedziałku, grupy zorganizowane proszone są o wcześniejszą rezerwację.

www.kosewopan.pl

JESTEŚ O KROK

• **Popielno** – wieś niedaleko Kadzidłowa nad jeziorem Śniardwy. Prowadzona jest tu hodowla koników polskich.

Stacja Badawcza PAN, Popielno, Wejsuny, tel. 87 423 15 19, www.popielno.pl

• **Wolisko** – leży na wschód od Giżycka, koło miejscowości Kruklanki, w sercu Puszczy Boreckiej. W znajdującym się tutaj Parku Żubrów żyje ok. 60 okazów.

Stacja Hodowli Żubrów, Nadleśnictwo Borki, tel. 87 421 70 45, ostoję można zwiedzać z opiekunem od 1 maja do 30 września. Aktualne godziny podano na stronie internetowej, www.bialystok.lasy.gov.pl/web/borki

Zeedonk

Borysew – piechotą wśród zebr

Kolejne safari, które warto odwiedzić, położone jest w centrum Polski, 40 km na zachód od Łodzi w miejscowości Borysew, niedaleko miasteczka Poddębice. Przejażdżka lub spacer przez tereny safari przypomina podróż dookoła świata w miniaturze. Odtworzono tu krajobrazy z pięciu kontynentów. Zamieszkuje je ponad 300 zwierząt należących do 50 gatunków. Możesz stanąć oko w oko z zebrą, bawołem i antylopami, a także przekonać się, czy dziobnięcie strusia jest nieprzyjemne. Żyje tu jedyny w swoim rodzaju, bardzo rzadki zeedonk, czyli skrzyżowanie zebry z osłem, są też sympatyczne osiołki poitou. Organizatorzy chwalą się, że mają nawet lwy i tygrysy – są one jednak zamknięte na wybiegach i często chowają się tak, że trudno je dojrzeć.

JESTEŚ O KROK

• **Poddębice** – znajduje się tu najpiękniejszy polski renesansowy dwór obronny. Wszyscy się nim zachwycają, warto więc samemu się o tym przekonać.

www.podkis.poddebice.pl

• **Uniejów** – zamek z XIV wieku.

Zamek w Uniejowie, ul. Zamkowa 2, Uniejów, tel. 63 288 89 50, www.zamekuniejow.pl

• **Spycimierz** – niewielka wioska, leżąca kilka minut jazdy od Uniejowa. Domy stoją ciasno wzdłuż krętych uliczek. Warto przyjechać tu w Boże Ciało między porankiem a popołudniem. Mieszkańcy układają wtedy dywan z kwiatów o długości ponad 2 km, wzdłuż którego idzie potem procesja.

W Borysewie warto pojeździć na kucykach i wielbłądach lub poszaleć na placu zabaw. Jest też grill-bar.

Zoo Safari Borysew, ul. Borysew 25, Poddębice, tel. 43 678 47 48, czynne od maja do października w godz. 9-18, wskazane rezerwacje dla grup wycieczkowych.

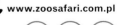 www.zoosafari.com.pl

Posłuchaj Karola

Na lekcję przyrody w plener jedzie się żółtym amerykańskim autobusem szkolnym. Dzięki temu można swobodnie oglądać pasące się lamy, muflony, długowłose dziwaczne krowy, egzotyczne gatunki owiec oraz całą masę rogatych i kopytnych stworzeń. Od czasu do czasu pokica obok autokaru kangur albo przemknie struś. Na takie zajęcia jeździłbym codziennie z przyjemnością.

Bałtów – Kraina Koni i Zwierzyniec

O Bałtowie leżącym w województwie świętokrzyskim dowiesz się więcej, zaglądając na strony 78-79. W tej miejscowości znajduje się bowiem niesamowity zbiór dinozaurów naturalnej wielkości. Teraz jednak zapraszamy do Krainy Koni oraz niewielkiego parku przyrodniczego – Zwierzyńca Bałtowskiego. Po zwiedzaniu lub jeździe konnej można odpocząć – tereny do rekreacji urządzono tu na najwyższym poziomie.

• Zwierzyniec Bałtowski, tel. 41 264 14 20 lub 21, czynne od kwietnia do listopada w godzinach otwarcia JuraPark Bałtów.

• Kraina Koni, tel. 500 029 904, czynne cały rok w godz. 8-18.

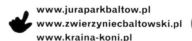
www.juraparkbaltow.pl
www.zwierzyniecbaltowski.pl
www.kraina-koni.pl

JESTEŚ O KROK

• **Krzemionki Opatowskie**, **kopalnia krzemienia** – drugiej takiej nie ma nigdzie w Europie! Krzemień wydobywano tutaj już 3900 lat p.n.e. Trasa turystyczna liczy 400 m, a do obejrzenia są zrekonstruowana kopalnia oraz wioska, w której mieszkali górnicy przed 5000 lat. Ozdoby i biżuteria z pasiastych krzemieni opatowskich są supermodne.

Muzeum i Rezerwat Archeologiczno-Przyrodniczy „Krzemionki", tel. 41 262 09 78, aktualne godziny otwarcia znajdują się na stronie internetowej, www.krzemionki.pl

• **Sandomierz** – urocze miasto położone na wysokim wiślanym brzegu. Zabytków co niemiara, piękny rynek z ładnym ratuszem i ze studnią, przy której wszyscy pstrykają sobie fotki. Atrakcją, zwłaszcza dla dzieci, jest podziemna 500-metrowa trasa turystyczna. Wiedzie korytarzami, piwnicami i komnatami. Można tu oglądać odtworzony średniowieczny skład wina, izbę tortur i kopalnię.

Wejście na trasę znajduje się przy ul. Oleśnickich, tel. 15 832 30 88, podziemia czynne są od maja do października w godz. 10-18, od listopada do kwietnia w godz. 10-17, www.sandomierz.pl, www.pttk-sandomierz.pl

Legenda

Przed wiekami pod Sandomierzem wydrążono i użytkowano całe kilometry wielopiętrowych korytarzy. Podobno podziemia prowadziły nawet do okolicznych miejscowości! Z lochami wiąże się ciekawa legenda. Gdy Tatarzy chcieli zaatakować Sandomierz, jedna z mieszczanek, Halina Krępianka, okłamała ich, że zna do niego sekretne wejście. Wprowadziła nieprzyjaciół w podziemne labirynty i długo nimi kluczyła. Tymczasem mieszkańcy zasypali wyjście głazami. Tatarzy zostali na zawsze uwięzieni w lochach, a wraz z nimi bohaterska dziewczyna, która poświęcając swoje życie, ocaliła miasto.

Wrocław i Warszawa – ogrody zoologiczne

W Polsce mamy aż 16 ogrodów zoologicznych (najstarszy założono w Poznaniu w 1874 roku). O każdym z nich można opowiedzieć coś ciekawego. W Płocku jest np. największe stado pingwinów w kraju, w Łodzi zoo chroni nie tylko rzadkie zwierzęta, ale także ostatni fragment dawnej łódzkiej puszczy, na której terenie zostało wybudowane, gdański ogród zoologiczny słynie z hodowli kondorów, a poznański ma piękną słoniarnię. Zatrzymamy się na chwilę przy zoo wrocławskim i warszawskim. W pierwszym z nich żyje ponad 7000 zwierząt, w tym jedyne w Polsce mrówniki żywiące się mrówkami i termitami. Atrakcją są pokazy karmienia piranii i drapieżnych płaszczek. W stolicy można obejrzeć „tylko" 5000 zwierząt, ale za to zwiedzanie połączone jest z mnóstwem atrakcji dla dzieci: wesołym minimiasteczkiem, placami zabaw, baśniowym zoo, olbrzymią ptaszarnią i bocianiarnią. Warto dodać, że regularnie odbywają się tu pokazy karmienia fok.

• Zoo Wrocław, ul. Wróblewskiego 1, Wrocław, tel. 71 348 30 25, czynne latem w godz. 9-18, zimą 9-16, wiosną i jesienią w godz. 9-17.

• Miejski Ogród Zoologiczny w Warszawie, ul. Ratuszowa 1/3, Warszawa, tel. 22 619 40 41, czynne od maja do końca września w godz. 9-18, zimą w zależności od pogody – najlepiej sprawdzić w Internecie lub telefonicznie.

www.zoo.wroclaw.pl
www.zoo.waw.pl

Posłuchaj Karoliny i Karola

• Zanim zabierzesz ze sobą psa, upewnij się, czy można go wprowadzić na teren zoo.

• Gdy chcesz przed wejściem do ogrodu zoologicznego kupić balon, dowiedz się, czy pozwolą ci go wnieść.

• Jeśli obowiązuje zakaz fotografowania z lampą błyskową, to nie wolno tego robić! Zlituj się nad stworzeniami, które nie chcą być codziennie oślepiane tysiącami błysków.

• Drażnienie zwierząt i wsadzanie palców przez kraty czasami kończy się bardzo źle, boleśnie i głupio.

• Drażnienie małp kończy się jeszcze głupiej. Bywały przypadki, że rozzłoszczona małpa robiła kupę i rzucała nią w tłum dzieciaków.

• Nie staraj się obejść całego zoo podczas jednej wizyty – we Wrocławiu, w Warszawie czy Gdańsku nie dasz rady. Najlepiej ustal plan wycieczki.

COŚ MNIE KUSI ZAJRZEĆ DO STRUSI...

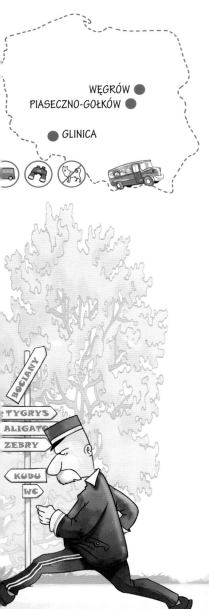

Struś ma szansę stać się jednym z najczęściej hodowanych zwierząt w Polsce. Naprawdę! Jego fermy powstają w coraz to nowych miejscach. Ten wielki ptak nie jest najlepszym towarzyszem zabaw: nie tylko potrafi boleśnie kopnąć, ale może też połknąć różne fajne przedmioty, np. telefon komórkowy. Mimo to warto przyjrzeć mu się z bliska. Zapraszamy więc na wycieczkę.

Piaseczno-Gołków koło Warszawy

Można zwiedzać farmę, karmić strusie, przyglądać się im z bliska. A także wysłuchać ciekawego wykładu, czyli odbyć wspaniałą lekcję zoologii w plenerze.

Hodowla Strusi Afrykańskich, ul. Jaremy 17, Piaseczno-Gołków, tel. 22 756 21 69.

 **www.strusie.prv.pl**

Węgrów koło Siedlec

Kilkadziesiąt ptaków i doświadczeni hodowcy, którzy chętnie opowiedzą o swych podopiecznych i zaoferują fajne pamiątki.

„Eurostruś" Ferma Strusi Afrykańskich Borzychy, ul. Podlaska 2, Węgrów, tel. 518 078 323.

 **www.strusie.net.pl**

Glinica koło Wrocławia

Wielkie stado strusi. Można robić zdjęcia, gdy biegają po wybiegu. Szczególnie miło prezentują się małe strusiątka.

Ferma strusi afrykańskich, Glinica 28, czynne cały rok, informacje dotyczące zwiedzania pod nr. tel. 71 316 13 25.

Uwaga, ciekawostka!

Strusie jaja nie są tanie, bo kosztują 50-70 zł za sztukę, ani małe – jedno waży prawie 1,5 kg. Trudno je rozbić, ponieważ ich skorupka ma 3 mm grubości i jest naprawdę twarda. Aby zrobić jajecznicę, z obu stron jaja trzeba wywiercić wiertarką otwory i wydmuchać zawartość.

Tropem zabytków techniki

Karolina twierdzi, że stare samochody są ładniejsze od nowoczesnych, a dawne pociągi fajniejsze od współczesnych ekspresów. Karol, chociaż zwykle mówi, że dziewczyny nie znają się na motoryzacji, przyznaje siostrze trochę racji. Choć, jego zdaniem, automobile, mimo że ładne, nadają się tylko do muzeum. A kopalnie, fabryki, mechanizmy, które przed stu laty były szczytem techniki? Czy dziś mogą nas zaciekawić? Karolina uważa, że są trochę nudne, a jej brat – że warto dowiedzieć się, jak działały w dawnych czasach. Zapraszamy w podróż tropem zabytków techniki.

WOLSZTYN – KRAINA MARZEŃ, WĘGLA I PARY

Parada parowozów w Wolsztynie

Czy widziałeś kiedyś prawdziwą lokomotywę? Ale taką jadącą i dymiącą, wyrzucającą kłęby pary i sapiącą niczym zmachany dinozaur? Nie? To przyjeżdżaj do Wolsztyna. W tym mieście od ponad stu lat działa jedyna w Polsce i w Europie **parowozownia**, która codziennie wysyła dyszące parą czarne stwory na trasy pasażerskie. Parowozy, mimo że mają po kilkadziesiąt lat, ciągną wagony nie gorzej niż ich elektryczni, nowocześni następcy.

Co roku w długi weekend majowy odbywa się w Wolsztynie **wielka parada parowozów.** Nadjeżdżają z całej Polski, z Europy, mkną po szynach, by spotkać się na sąsiednich torach i pogawędzić o starych, dobrych czasach, kiedy panowały na szlakach kolejowych. Na kilka dni do niewielkiego Wolsztyna przyjeżdża kilkanaście tysięcy turystów. Oglądają i fotografują, podróżują zabytkowymi pociągami, zwiedzają parowozownię i podziwiają setki zgromadzonych tam eksponatów, m.in. wiekową, ale wciąż sprawną łącznicę telefoniczną, stare kasy biletowe, kolekcję lamp semaforowych. Dzieci uwielbiają stare lokomotywy, choć niejeden młody turysta skryje się za plecami taty, gdy wielka czarna maszyna znienacka gwizdnie lub wyrzuci kłęby gorącej pary, która w okamgnieniu spowije pół peronu. Najmłodsi nie mogą też oderwać się od makiety przedstawiającej najstarszą część parowozowni zmniejszoną 87 razy. Makieta, po której jeżdżą miniaturowe pociągi, ma prawie 3 m długości, a i tak nie odwzorowuje całego jej terenu. Aby go odtworzyć, musiałaby mieć aż 14 m!

Parowozownia Wolsztyn, ul. Fabryczna 1, Wolsztyn, tel. 68 419 17 93, parowozownię można zwiedzać przez cały rok codziennie w godz. 8-15; muzeum czynne od poniedziałku do piątku w godz. 8-15; grupy wycieczkowe są proszone o wcześniejszą rezerwację, zwłaszcza gdy atrakcją ma być przejazd pociągiem.

www.parowozowniawolsztyn.pl
www.parowozy.com.pl
www.paradaparowozow.pl

Posłuchaj Karola

W czasie parady parowozów w miasteczku jest dość ciasno – trudno o miejsce noclegowe czy stolik w restauracji. Tata zawsze rezerwuje nocleg kilka miesięcy wcześniej, i to nie w samym Wolsztynie, tylko gdzieś dalej.

Uwaga, atrakcja!

Z Wolsztyna warto wybrać się parowozem w jedną z pięciu tras: do Konotopu, Kargowej, Zbąszynka, Leszna i Poznania. To niezwykłe linie kolejowe. Wzdłuż nich nadal stoi wiele stuletnich (i starszych) budynków, malutkich dworców kolejowych, żelaznych i kamiennych mostów oraz wiaduktów i zabytkowych semaforów. Pasażerom może się wydawać, że wyruszyli w podróż w czasie.

Posłuchaj mamy Karoliny i Karola

Podróż do Wolsztyna może okazać się niebezpieczna dla finansów rodziny. Większość tatusiów i co najmniej połowa dzieci po powrocie z parady parowozów chce mieć w domu kolejkę elektryczną, a modelarstwo kolejowe to dość drogie hobby. W dodatku, gdy tata zbuduje własną makietę, mieszkanie zmniejszy się o jeden pokój.

ŻNIN I OKOLICE – CIUCHCIĄ DO WENECJI

Osada z pradziejów, ruiny zamku z diabłem straszącym o północy, kolejka sprzed stu lat i kowbojskie napady na pociągi pełne turystów. Groch z kapustą, pomieszanie z poplątaniem, pół żartem, pół serio, sporo śmiechu i mnóstwo nauki. Oto przedziwna okolica, gdzie wąskie tory, po których sapią ciuchcie, łączą kilka zupełnie do siebie niepasujących miejsc.

Żnin

Wielką kolejowo-historyczną przygodę rozpoczynamy niewielkim miasteczku na Kujawach. Szczyci się ono dwoma starymi kościołami z XIV i XV wieku. W samym centrum, przy ul. Potockiego, mieści się stacja początkowa Żnińskiej Kolei Powiatowej, czyli jednej z najbardziej znanych wąskotorówek na świecie. To wła-

śnie stąd niewielkie pociągi ciągnięte przez parowe i spalinowe lokomotywy zabierają turystów w krainę historii, fantazji i przygody.

Podróż ze Żnina do Biskupina trwa 40-45 min, a z Biskupina do Wenecji – ok. 10 min. Wagoniki są zadaszone, ale część z nich nie ma szyb, więc przeciągi hulają nawet przy mniejszych prędkościach. Czapka i bluza z kapturem na pewno się przydadzą.

Żnińska Kolej Powiatowa Sp. z o.o., ul. Potockiego 4, Żnin, tel. 52 302 04 92. Pociągi kursują od 1 maja do 31 sierpnia oraz we wrześniu – w czasie trwania Festynu Archeologicznego w Biskupinie (po sezonie uruchamiane są jedynie na specjalne zamówienie). Grupy zorganizowane powinny wcześniej zarezerwować miejsce.

www.ciuchciaznin.pl

Muzeum Kolei Wąskotorowej w Wenecji

Wenecja

To miejscowość na trasie żnińskiej ciuchci. Nie jest kopią pięknego włoskiego miasta zbudowanego na wodzie, tylko niewielką wsią położoną nad malowniczymi jeziorami. Słynie z dwóch obiektów. Pierwszym są **ruiny zamku** wzniesionego w średniowieczu przez okrutnego władcę zwanego Diabłem Weneckim. Drugim, zdecydowanie ciekawszym – miejscowe **Muzeum Kolei Wąskotorowej**. Stoją tu starannie odmalowane lokomotywy, zabawne małe wagoniki osobowe i towarowe,

budynek stacyjny jakby żywcem przeniesiony z czasów pradziadków oraz budka dróżnika ze szlabanem. Przy niewielkich peronach zastygło kilka lokomotyw. Cała żnińska kolej ma ich 17. Wewnątrz – to już dla prawdziwych pasjonatów – zbiór kolejarskich pamiątek: latarek, lamp, mundurów i biletów.

Muzeum Kolei Wąskotorowej w Wenecji, Żnin, tel. 52 302 51 50, czynne codziennie od maja do sierpnia w godz. 9-18, we wrześniu 9-17, w kwietniu i październiku 9-16, od listopada do marca 10-14.

 www.muzeumznin.pl

Uwaga, ciekawostka!

Tory kolejki kursującej od Żnina do Wenecji i Biskupina mają tylko 60 cm szerokości i tym samym są najwęższymi torami w Europie. To ci dopiero rekord! Większość polskich wąskotorówek wyposażona jest w szyny o rozstawie 70-80 cm.

Biskupin

To niezwykły przystanek na trasie kolejki. Tutaj naprawdę można dotknąć najstarszej historii ziem polskich. Na wyspie położonej na terenie dzisiejszego Biskupina ludzie mieszkali już 800 lat p.n.e. W odtworzonym grodzie zwiedza się chaty, w których żyli Prasłowianie, ogląda przedmioty codziennego użytku, broń, ozdoby. To niesamowite wejść do domu sprzed 2800 lat! Do grodu wiedzie tylko jedna droga: po drewnianym pomoście, pod którym chlupią tajemniczo wody jeziora, skrywające niejeden skarb z przeszłości. Biskupin to nie tylko ważne miejsce historyczne i archeologiczne. Kręcono tu m.in. *Ogniem i mieczem* oraz *Starą baśń*. Część filmowej scenografii *Starej baśni* stała się fragmentem ekspozycji, którą można oglądać do dziś.

Pif-paf!

Za specjalną dopłatą pociąg jadący od ruin średniowiecznego zamku w Wenecji do Biskupina może zostać napadnięty przez… bandytów z Dzikiego Zachodu! Nam też się wydaje, że coś się tu komuś poplątało, ale najważniejsze, że dzieci piszczą (ze strachu i zachwytu), wręcz domagając się, by je ktoś porwał wraz z ciuchcią. Atak obfituje w dramatyczne

Pojedynek wojowników podczas Festynu Archeologicznego w Biskupinie

wydarzenia: bandyci opanowują pociąg, potem zjawiają się dzielni kowboje i przepędzają przestępców albo ci ostatni biorą jeńców, którzy muszą się później jakoś wykupić.

Muzeum Archeologiczne w Biskupinie, Biskupin 17, Gąsawa, tel. 52 302 50 55, czynne w godz. 8-18, jesienią i zimą tylko do zmroku.

 **www.biskupin.pl**

Kartka z kalendarza

3. tydzień września – w Biskupinie co roku odbywa się Festyn Archeologiczny. Przez siedem dni można oglądać odtworzone warunki życia mieszkańców osady, wziąć udział w wypalaniu węgla drzewnego, lepić z gliny garnki, strzelać z łuku, rzucać oszczepem, próbować prasłowiańskiej kuchni i własnoręcznie wybijać monety. Pasjonaci historii pokazują, jak przed tysiącami lat warzono sól, szyto ubrania, wytapiano szkło… zaś tłumy pradawnych wojowników, w tym groźni wikingowie, pojedynkują się na miecze i topory, wzbudzając zachwyt publiczności. Uwaga! W tym czasie w Biskupinie jest straszliwy tłok, a znalezienie miejsca w kolejce wąskotorowej graniczy z cudem. Imprezy historyczne odbywają się także w maju, czerwcu i lipcu.

JESTEŚ O KROK
Wylatowo – ze Żnina najłatwiej dotrzeć tu drogą nr 251 do Barcina, potem szosą 254 na południe ku miastu Mogilno. Za Mogilnem należy kierować się na Gniezno. Po drodze znajduje się wieś Wylatowo – **centrum polskich ufologów**. Co roku na tutejszych polach niewidzialna siła wygniata w zbożu kręgi, obrazy, piktogramy i symbole. W tych miejscach sprzęt elektroniczny wariuje, kompasy głupieją, baterie się rozładowują, a nocami widać latające na niebie światła… Przyjeżdżający do Wylatowa dzielą się na tych, którzy twierdzą, że ten obszar regularnie odwiedzają pozaziemskie cywilizacje, oraz osoby przekonane, że to zwyczajna bujda na resorach i naciąganie naiwnych. Jak jest naprawdę? Warto przekonać się samemu.

Wylatowo leży przy trasie Inowrocław – Gniezno (droga krajowa nr 15) nad Jeziorem Szydłowskim, www.wylatowo.org.pl, www.wylatowo.pl

KOLEJE PO KOLEI

Bieszczadzka Kolejka Leśna

W Bieszczadach wąskotorówki kursują po sześciu trasach liczących po kilkanaście kilometrów każda. Wokół przepiękna przyroda i wspaniałe krajobrazy. Zamawiający kursy mogą wybrać trasę oraz uzgodnić z organizatorem przejazdów dodatkowe atrakcje: ogniska, postoje w lesie, a nawet… napad rozbójników.

Fundacja Bieszczadzkiej Kolejki Leśnej, Majdan 17, Cisna, tel. 13 468 63 35; rozkład jazdy kolejki dostępny na stronie internetowej.

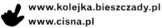
www.kolejka.bieszczady.pl
www.cisna.pl

JESTEŚ O KROK

- **Krasiczyn** – pięknie utrzymany zamek, jakiego darmo szukać w innych rejonach Polski, położony niedaleko Przemyśla. Urzeka bielą murów, eleganckim, niemal bajkowym dziedzińcem oraz malowidłami na murach. Nad bramą główną wisi na łańcuchu bomba lotnicza. Niemcy zrzucili ją tu w czasie II wojny światowej, ale na szczęście nie wybuchła. Wokół szumi wspaniały park ze starymi drzewami. Kilka z nich ma kamienne tablice z datami narodzin i imionami dzieci Sapiehów, ostatnich właścicieli rezydencji. Zgodnie ze zwyczajem z okazji narodzin córki sadzono lipę, a syna – dąb. Na zamku odbywają się często koncerty, wystawy i turnieje rycerskie.

Zespół Zamkowo-Parkowy w Krasiczynie, tel. 16 671 83 21, zwiedzanie tylko z przewodnikiem – grupy wchodzą co godzinę od 9 do 16, od listopada do marca konieczna jest wcześniejsza rezerwacja, www.krasiczyn.com.pl

- **Odrzykoń** – też zamek, ale w kompletnej ruinie. Warto go jednak zwiedzić, gdyż burzliwe dzieje budowli, o którą przez prawie sto lat kłóciły się dwa magnackie rody, zainspirowały dramatopisarza Aleksandra Fredrę do napisania *Zemsty*. Odrzykoń leży kilka kilometrów od Krosna.

Zamek Kamieniec Odrzykoń-Korczyna, tel. 13 432 51 26, czynne codziennie od kwietnia do listopada w godz. 9.30-19, w sezonie zimowym wstęp możliwy po wcześniejszej rezerwacji, www.kamieniec.blogspot.com

Kolej Wąskotorowa „Pogórzanin" Przeworsk – Dynów

Ponad 90 km trasy biegnie przez urocze okolice Pogórza Dynowskiego. Po drodze atrakcja – jedyny w Polsce tunel na trasie wąskotorówki, w dodatku liczący aż 602 m!

Kolej Wąskotorowa „Pogórzanin" Przeworsk – Dynów, ul. Lubomirskich 14, Przeworsk, tel. 16 648 21 05, kolejka kursuje od końca maja do września.

www.dynow.pl
www.waskotorowka.prv.pl

Górnośląskie Koleje Wąskotorowe

Najstarsza czynna nieprzerwanie kolej wąskotorowa na świecie – działa od 1853 roku. Można przejechać się trasą długości 21 km z Bytomia do Tarnowskich Gór i Miasteczka Śląskiego. Po drodze elektrociepłownia Szombierki z 1920 roku, zabytkowa kopalnia srebra oraz malownicze kamieniołomy.

Stowarzyszenie Górnośląskich Kolei Wąskotorowych, tel. 513 560 894; początkowa stacja kolejki znajduje się przy dworcu PKP w Bytomiu (peron V).

www.sgkw.eu

Stacja Kolejki Wąskotorowej w Rudach

Osiem lokomotyw i kilkanaście wagoników czeka na turystów na zabytkowej leśnej stacji kolejowej. Przejazdy na trasach o długości 4 km i 8 km trwają odpowiednio: 30 min i 60 min.

Zabytkowa Stacja Kolejki Wąskotorowej w Rudach, ul. Szkolna 1, Rudy (niedaleko miejscowości Kuźnia Raciborska), tel. 500 282 732, pociągi kursują od wtorku do niedzieli, o ile na przejażdżkę zdecyduje się minimum 10 osób.

www.wmdrudy.com

Starachowicka Kolej Wąskotorowa

Linia kolejowa wpisana do rejestru zabytków oferuje turystom przejazdy malowniczą 6-kilometrową trasą przez puszczę do wsi Lipie. Zwykle atrakcją wycieczki jest wspólny grill.

Starachowicka Kolej Wąskotorowa, ul. Targowa 17, Starachowice, tel. 505 981 227; Centrum Informacji Turystycznej, tel. 693 779 899, Wydział Kultury, Promocji i Rozwoju Powiatu, tel. 41 276 09 41 lub 42.

www.skw.org.pl

„Ciuchcia Ekspres Ponidzie"

Uwielbiana przez szkolne wycieczki, ale także indywidualnych turystów, kolejka wąskotorowa retro kursuje na linii Jędrzejów – Umianowice – Pińczów. Trasa ma 36 km i biegnie urokliwymi okolicami pełnymi lasów. Można korzystać z liniowych połączeń lub wynająć cały pociąg. Przejazd w jedną stronę trwa 2 godz.

Jędrzejowska Kolej Dojazdowa,
ul. Dojazd 1, Jędrzejów, tel. 41 386 22 55.

 **www.ciuchcia.eu**

Piaseczyńska Kolej Wąskotorowa

Linii kolejowej z Piaseczna miało już nie być. Jednak dzięki kolejowym pasjonatom udało się ją uratować. Dziś zasapane lokomotywy parowe oraz ich spalinowe młodsze siostry wożą niedzielnych pasażerów do Tarczyna i Grójca. W programie liczne atrakcje, np. jesienne degustacje owoców z tutejszych sadów, grzybobranie, ognisko z kiełbaskami, wizyta na fermie strusi. Jest w czym wybierać, zwłaszcza gdy organizuje się wycieczkę dla jednej lub kilku klas szkolnych. Przewidziane są także wyjazdy tematyczne, np. „Lokomotywa Pana Tuwima" (ok. 5 godz.).

Piaseczyńska Kolej Wąskotorowa, ul. Sienkiewicza 14, Piaseczno,
tel. 22 756 76 38.

 **www.kolejka-piaseczno.com**

Ełcka Kolej Wąskotorowa

Ełcka Kolej Wąskotorowa

Przed wielu laty kolejka wąskotorowa była głównym środkiem transportu w okolicach Ełku, miasta położonego w północno-wschodniej Polsce. Dziś z dawnej sieci torów i połączeń zostało niewiele ponad 30 km. Za to trasa biegnie malowniczą okolicą. Pociąg ciągnięty przez sapiący parowozik lub pudełkowaty pojazd spalinowy pokonuje tę odległość w 45 min. Dla wycieczek przygotowano atrakcje: zwiedzanie muzeów, leśne wyprawy, ogniska. Na zamówienie można wzbogacić kolejkę o wagon barowy, wagon do przewożenia rowerów lub zapewnić rozrywkę w wykonaniu akordeonisty.

Ełcka Kolej Wąskotorowa, ul. Wąski Tor 1, Ełk, tel. 87 610 00 00, kolejka kursuje od 1 maja do 31 sierpnia.

www.mosir.elk.com.pl

Sochaczew

Tylko 18 km trasy, za to jazda odbywa się przez malowniczą Puszczę Kampinoską. W Muzeum Kolei Wąskotorowej w Sochaczewie można obejrzeć drezynę przerobioną z samochodu warszawa. Poza tym prezentowanych jest tu ponad 130 parowozów, wagonów i drezyn.

Muzeum Kolei Wąskotorowej w Sochaczewie, ul. Towarowa 7, Sochaczew, tel. 46 862 59 75, 46 864 93 41, czynne od wtorku do niedzieli w godz. 10-15, kolejka kursuje w każdą sobotę od maja do października.

www.kampinoska.waw.pl
www.mkw.e-sochaczew.pl

KANAŁ ELBLĄSKI – STATKIEM PO SZYNACH

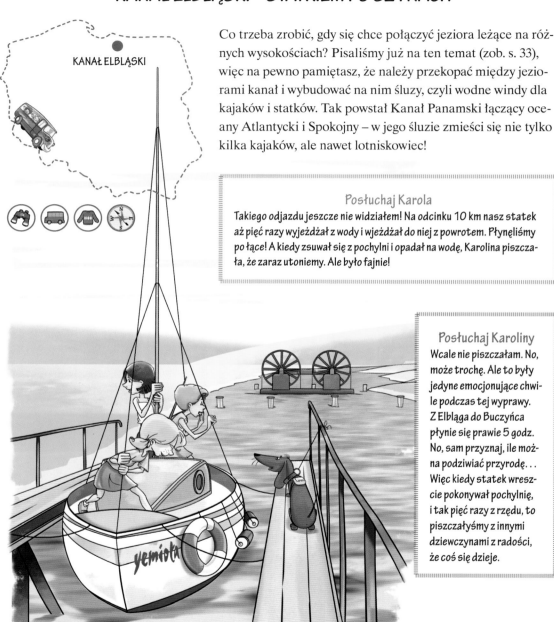

KANAŁ ELBLĄSKI

Co trzeba zrobić, gdy się chce połączyć jeziora leżące na różnych wysokościach? Pisaliśmy już na ten temat (zob. s. 33), więc na pewno pamiętasz, że należy przekopać między jeziorami kanał i wybudować na nim śluzy, czyli wodne windy dla kajaków i statków. Tak powstał Kanał Panamski łączący oceany Atlantycki i Spokojny – w jego śluzie zmieści się nie tylko kilka kajaków, ale nawet lotniskowiec!

Posłuchaj Karola

Takiego odjazdu jeszcze nie widziałem! Na odcinku 10 km nasz statek aż pięć razy wyjeżdżał z wody i wjeżdżał do niej z powrotem. Płynęliśmy po łące! A kiedy zsuwał się z pochylni i opadał na wodę, Karolina piszczała, że zaraz utoniemy. Ale było fajnie!

Posłuchaj Karoliny

Wcale nie piszczałam. No, może trochę. Ale to były jedyne emocjonujące chwile podczas tej wyprawy. Z Elbląga do Buczyńca płynie się prawie 5 godz. No, sam przyznaj, ile można podziwiać przyrodę... Więc kiedy statek wreszcie pokonywał pochylnię, i tak pięć razy z rzędu, to piszczałyśmy z innymi dziewczynami z radości, że coś się dzieje.

Jest jeszcze jeden sposób na połączenie jezior, z których jedno leży prawie o 100 m wyżej niż drugie. Na ten pomysł wpadł pewien holenderski inżynier na początku XIX wieku. Wybawił robotników od pracowitego kopania kanałów, projektując system napędzanych wodą **pochylni**, po których kursują wagony przewożące łodzie i statki. Tak powstał Kanał Elbląski, który łączy kilka zachodniomazurskich jezior z Zalewem Wiślanym. To jedyne takie rozwiązanie techniczne na świecie. Wagony wjeżdżają po szynach na dno akwenu, a statek lub jacht wpływa na nie, następnie mocuje się go pomiędzy specjalnymi podporami, po czym wyjeżdża z wody na kołach. I porusza się niemal jak lokomotywa! Z jedną różnicą: jazda odbywa się prawie bezgłośnie. Nawet gdy statek płynie, sprawia wrażenie, jakby przeciskał się przez łąkę.

JESTEŚ O KROK

• **Pasłęk** – urocze miasteczko pełne zabytków. Można obejrzeć mury miejskie z bramami i wieżami obronnymi, stare kościoły, zamek krzyżacki i ratusz jak z bajki.
• **Malbork** – zob. s. 137-139.

Informacje praktyczne

Żegluga Ostródzko-Elbląska: rejsy odbywają się od 30 kwietnia do 30 września. Całą trasę z Elbląga do Ostródy statek pokonuje w 11 godz. Bilet można kupić tylko na jeden z odcinków. Najbardziej widowiskowy: Elbląg – Buczyniec, zajmuje niecałe 5 godz.

Żegluga Ostródzko-Elbląska: podczas sezonu wakacyjnego lepiej wcześniej zarezerwować bilety. Trasy z Ostródy do Elbląga należy zamówić w Ostródzie, tel. 89 646 38 71, a z Elbląga do Ostródy lub z Elbląga do Buczyńca i z Buczyńca do Elbląga – w Elblągu, tel. 55 232 43 07.

www.zegluga.com.pl
www.ielblag.pl

Statek na pochylni

CZAR DAWNYCH AUTOMOBILÓW

Zabytkowe samochody są niesamowite, skoro podobają się nawet dziewczynom, które z reguły nie interesują się specjalnie motoryzacją. Wystarczy, że w polu widzenia pojawia się błyszcząca limuzyna z fantazyjnie wygiętymi błotnikami, z kołem zapasowym przymocowanym do boku nadwozia, „wytrzeszczająca" parę ogromnych srebrzystych reflektorów, a już wszystkie głowy odwracają się w jej stronę. Takie auta można obejrzeć w **muzeach motoryzacji**, a czasami nawet nimi pojeździć. Zapraszamy do zwiedzenia najwspanialszych kolekcji w Polsce.

Otrębusy: limuzyny polityków, gwiazd filmowych i czołg czterech pancernych

Jeśli trafisz do Muzeum Motoryzacji i Techniki w Otrębusach koło Warszawy, czeka cię prawdziwy samochodowy zawrót głowy. Kolekcja składa się z ponad 300 pojazdów! Można tu obejrzeć wozy ze wszystkich epok motoryzacji – od amerykańskiego traktora wyprodukowanego w 1895 roku, pierwszych, podobnych do karet automobili, poprzez limuzyny z lat 30. XX wieku, krążowniki szos z lat 50., aż po współczesne modele. Wiele z nich miało słynnych właścicieli. Zobaczysz tu kabriolet Józefa Stalina, samochody gwiazd filmowych, pancerną limuzynę generała Wojciecha Jaruzelskiego,

> ### Uwaga, ciekawostka!
> Kilkudziesięciu polskich kolekcjonerów zabytkowych samochodów zgromadziło wiele aut, których niejedno muzeum mogłoby im pozazdrościć. Są one jednak skrywane w prywatnych garażach i tylko raz na jakiś czas biorą udział w konkursach czy zlotach. Mamy więc w Polsce kilka jawnych i kilka tajnych muzeów motoryzacji.

Zabytkowe autobusy w Otrębusach

J.A.G. – najstarsze auto w Polsce (1897)

fiata prezydenta Aleksandra Kwaśniewskiego oraz buicka, którego niegdyś używał prymas Polski kardynał Stefan Wyszyński. Pośród maszyn „z metryką i historią" znalazły się też unikatowy mercedes z 1913 roku oraz współczesne auta popularnych polskich aktorów i artystów.

Muzeum kolekcjonuje nie tylko samochody i motocykle. Są tu m.in. stare radioodbiorniki, rowery, hełmy, broń, a także pokaźny zbiór pojazdów wojskowych, w tym czołgów. Uwaga, część z nich jest nadal na chodzie! Oprócz Rudego T-34, znanego z serialu *Czterej pancerni i pies*, można oglądać m.in. niemieckie wozy bojowe z czasów II wojny światowej, polską tankietkę oraz rekonstruowany słynny polski czołg 7TP – oba z 1939 roku.

Muzeum Motoryzacji i Techniki, ul. Warszawska 21, Otrębusy, tel. 22 758 50 67, czynne codziennie w godz. 10-17.

 **www.muzeum-motoryzacji.com.pl**

┌─────────────────────────────┐
│ **JESTEŚ O KROK**
│ • **Żyrardów** – osiedle robotnicze z XIX wieku, wybudowane z czerwonej cegły, trochę w stylu gotyckich zamków.
│ • **Piaseczno** – trasa kolejki wąskotorowej (zob. s. 58).
└─────────────────────────────┘

Warszawa: kolekcja w piwnicy

Warszawskie Muzeum Motoryzacji gromadzi zabytki na dwóch, czterech i więcej kółkach. Mieści się prawie w centrum miasta, ale w dość ciasnych i mało przytulnych wnętrzach podziemnego garażu. Można tu obejrzeć słynne polskie auta, np. prototyp „Syreny" albo rajdowego poloneza, a także humberta z 1908 roku (jeden z najstarszych w kraju sprawnych technicznie pojazdów). Warto też zwrócić uwagę na cadillaca marszałka Józefa Piłsudskiego oraz prototypowe auta, które nigdy nie weszły do produkcji w warszawskiej Fabryce Samochodów Osobowych.

Muzeum Motoryzacji, ul. Filtrowa 62, Warszawa, tel. 22 822 56 28, czynne od wtorku do piątku w godz. 8.30-16, w weekendy 10-15, grupy zorganizowane proszone są o wcześniejszą rezerwację.

 **www.muzeum.motoryzacji.prv.pl**

Gdynia: blask lakieru pod latarniami

Pan Witold Ciążkowski od dziecka pasjonował się motoryzacją, zdobywał i remontował motocykle, a potem stare samochody. Kolekcja rosła, bo przybywało weteranów szos. Pan Witold wykupywał piękne pojazdy od właścicieli nierzadko za grosze, ratując je od zagłady na złomowisku. W końcu w garażu nie mieściła się nawet część zbiorów. Wtedy zapadła decyzja o otwarciu własnego muzeum. Tak narodziło się Gdyńskie Muzeum Motoryzacji. Dziś w wielkiej hali stoją rzędy wypucowanych, lśniących limuzyn i przysadzistych, krzepkich motocykli. Zaparkowano je na zaaranżowanej wewnątrz hali ulicy – wybrukowanej elegancką kostką i oświetlonej stylowymi latarniami.

Gdyńskie Muzeum Motoryzacji, ul. Żwirowa 2 c, Gdynia-Chylonia, tel. 58 663 87 40, czynne od poniedziałku do soboty w godz. 9-17.

 **www.gdynskie-muzeum-motoryzacji.pl**

Zabrze: wóz, którym jeździła królowa brytyjska

Przedwojenne polskie fiaty, wojenne jeepy i niemieckie auta terenowe, a także kolekcja samochodów, które pojawiły się w niejednym filmie. To wszystko kryje zabrzańskie Muzeum Pojazdów Zabytkowych. Najstarszy wóz ze zbioru wyprodukowano w 1912 roku. Jednak największym zainteresowaniem cieszy się o wiele młodszy od niego daimler z 1966 roku – jeździła nim brytyjska Królowa Matka. Oczywiście Jej Królewska Mość nie prowadziła go samodzielnie, od tego miała szofera w eleganckiej liberii.

Muzeum Pojazdów Zabytkowych Automobilklubu Śląskiego znajduje się na terenie Skansenu Górniczego „Królowa Luiza", ul. Wolności 410, Zabrze, tel. 32 370 11 16, zwiedzanie możliwe po telefonicznym uzgodnieniu terminu.

 **www.muzeumgornictwa.pl**

Samochody z epoki PRL-u w Poznaniu

Poznań: ale auta!

Poznańskie muzeum jest niewielkie, za to niepowtarzalne. Można tu obejrzeć blisko 30 samochodów z epoki PRL-u, czyli z lat 1945-1989. Dla rodziców to okazja, by powspominać auta, którymi jeździli, gdy byli dziećmi. Dla najmłodszych – sposobność, by przyjrzeć się, jakie wozy królowały przed laty na polskich drogach. Innych niemal nie było! Zobaczysz tu więc warszawy, syrenki, małe i duże fiaty, mikrusy, tarpany, wołgi oraz inne samochody z minionej epoki.

Muzeum Motoryzacji znajduje się pod rondem Kaponiera, Poznań, tel. 61 847 63 59, czynne w godz. 10-16, w sobotę do 15.30, w niedzielę do 14, w poniedziałek i czwartek zamknięte.

 **www.aw.poznan.pl**

Gostyń: wiklinowy samochód

Oto kolejne muzeum stworzone przez prywatne osoby – miłośników motoryzacji. Rodzina państwa Pedów kolekcjonuje auta od 40 lat. Zobaczysz tu efektowne sportowe maserati, dostojnego studebakera, a nawet… lokomotywę i zabytkowe maszyny rolnicze. Sensację wzbudza niemiecki hanomag „Kommisbrot" z 1928 roku – mały i tani samochodzik przerobiony na wyścigówkę. Aby uczynić go jak najlżejszym, zdemontowano karoserię z metalu i drewna, a założono… z wikliny. Dzięki temu, odchudzony o kilkadziesiąt kilogramów, zaczął jeździć dość żwawo, a jego prędkość maksymalna wzrosła do 80 km/godz. (z osiąganych pierwotnie 50 km/godz.).

Auto-Muzeum Jan & Maciej Peda, ul. Górna 202, Gostyń, tel. 693 055 363, zwiedzanie możliwe po telefonicznym uzgodnieniu terminu.

 **www.peda-muzeum.org**

ZABYTKI TECHNIKI, CZYLI MŁOT OLBRZYMA I INNE WYNALAZKI

Wszyscy dziś używają komputerów, mikroprocesorów, iPodów, komórek i empeczwórek, a może nawet empepiątek… w każdym razie różnych przydatnych urządzeń, o których wiemy tylko, że działają, ale w jaki sposób – to już wiedzą tylko programiści i informatycy. Gdyby jednak przenieść się w czasy prapradziadków, można by odkryć wiele maszyn, których zasady działania były o wiele prostsze. Te potężne machiny pracowały głośniej, wolniej, z dziwnymi efektami dźwiękowymi oraz wizualnymi, ale przed stu laty i wcześniej stanowiły absolutny szczyt techniki. Zapraszamy do świata zadziwiających wynalazków naszych przodków.

Świętokrzyskie – wielkie muzeum techniki

Na tym terenie od najdawniejszych czasów wytapiano żelazo i ołów. Wielkie huty, przemysłowe piece i kuźnie budowano zaś od ponad 400 lat. Kopalnie rudy żelaza były blisko, a wartko płynące rzeki dostarczały wody i energii do poruszania olbrzymich maszyn. Nic dziwnego, że do dziś jest tu wiele zakładów przemysłowych i całkiem sporo skansenów techniki. Są zlokalizowane niedaleko siebie, dlatego można ułożyć wycieczkę tak, by zwiedzić w jeden dzień przynajmniej część z nich.

Stara Kuźnica. Absolutna rzadkość! Znajduje się tu jedyna zachowana w Polsce **zabytkowa kuźnica napędzana wodą**. Rzeka poruszała wielkie koło wodne, tak jak we młynie, z tą różnicą, że wprawiało ono w ruch nie urządzenia do mielenia ziarna, ale potężny młot, który dzięki energii płynącej rzeki uderzał w kowadło z prędkością do 60 razy na minutę. Młot jest gigantyczny, większy od człowieka, a całe wyposażenie przypomina miejsce z baśni o olbrzymach.

Kuźnica wodna, Stara Kuźnica 46, tel. 41 371 91 87, czynne przez cały rok, godziny zwiedzania ustala się indywidualnie.

www.muzeum-techniki.waw.pl

Sielpia. Przez sto lat działała tu potężna fabryka – teraz jest muzeum pełne tajemniczych i bardzo ciężkich maszyn przemysłowych sprzed ponad wieku. Największe koło wodne, służące kiedyś do napędzania urządzeń siłą przepływającej obok rzeki, waży 80 ton.

Muzeum Zagłębia Staropolskiego, ul. Słoneczna 19, Sielpia, tel. 41 372 02 93, czynne od wtorku do niedzieli w godz. 9-12 i 13-17.

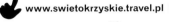 www.swietokrzyskie.travel.pl

Starachowice. Technika i przyroda w jednym muzeum. Jego powierzchnia wynosi ponad 8 hektarów. Sąsiadują tutaj: piece hutnicze i prastare dymarki, w których przed tysiącami lat wytapiano metale. Ponadto można zobaczyć stare samochody produkowane kiedyś w miejscowych zakładach i słynną niemal na całym świecie ciężarówkę star. Natomiast wielkie piece hutnicze znajdują się przy ulicy… Wielkopiecowej. Warto też obejrzeć największą na świecie maszynę parową oraz tropy dinozaurów sprzed 200 milionów lat, odnalezione w Górach Świętokrzyskich. W muzeum co roku organizowane są naukowo-technologiczne pikniki: „Jarmark u Starzecha" oraz „Żelazne korzenie".

Muzeum Przyrody i Techniki, Ekomuzeum, ul. Wielkopiecowa 1, Starachowice, tel. 41 275 40 83. Aktualne godziny zwiedzania dostępne na stronie internetowej lub telefonicznie.

 www.ekomuzeum.pl

JESTEŚ O KROK

• **Samsonów** – ruiny wielkiego pieca hutniczego i murowanej huty.
www.miedziana-gora.pl

• **Nietulisko Duże** – ruiny walcowni oraz świetnie zachowany system doprowadzania wody do urządzeń przemysłowych – na wpół zniszczone budynki wyglądają bardzo efektownie, są podobne do starego zamczyska.
www.kunow.pl
www.swietokrzyskie.travel.pl

• **Maleniec** – fabryka gwoździ, drutu, stalowych okuć, łopat oraz szpadli. Jak się robi gwoździe? Trzeba wziąć twardy kawałek stali, z jednej strony zaostrzyć, a z drugiej spłaszczyć. Proste? Zapraszamy więc do Maleńca. W tutejszej fabryce wszystko wykonuje się metodami sprzed 150 lat, o czym każdy może się przekonać, przyjeżdżając tu w lipcu, podczas festiwalu technologiczno-turystycznego. Wtedy zabytkowe gwoździarki, młotownie i topornie są wprawiane w ruch.

Maleniec leży przy drodze nr 74 Żarnów – Ruda Maleniecka; informacje na temat godzin zwiedzania można uzyskać telefonicznie: 41 373 11 42, www.maleniec.powiat.konskie.pl

Krosno – witajcie w krainie bez prądu!

Muzeum Podkarpackie w Krośnie szczyci się największą kolekcją lamp naftowych. Dlaczego właśnie ich? Ponieważ to właśnie w Bóbrce koło Krosna polski wynalazca **Ignacy Łukasiewicz** uruchomił w 1854 roku pierwszą na świecie kopalnię ropy naftowej. Po co ludziom była ropa, skoro nie znano jeszcze samochodów ani silników spalinowych? Przede wszystkim smarowano

nią osie i koła wozów, by się sprawnie obracały, próbowano też wykorzystywać ją jako lekarstwo dla bydła. Łukasiewicz starał się znaleźć zastosowanie dla ropy w medycynie – w tym celu poddawał surowiec różnym eksperymentom i badaniom. Wreszcie uzyskał płyn, który co prawda nie miał właściwości leczniczych, ale spalany w specjalnej, skonstruowanej przez niego lampie, świetnie nadawał się do oświetlania pomieszczeń. I tak lampa naftowa – jeden z najważniejszych polskich wynalazków XIX wieku – pokonała mało wydajne i śmierdzące lampy oliwne oraz kopcące świece.

Wiele osób śmieje się dziś z tego odkrycia, dowodząc, że nie miało ono sensu, skoro w tym samym czasie inni naukowcy pracowali już nad żarówką elektryczną, a pierwsze nadające

Kolekcja lamp naftowych

się do użytku żarówki zaczęto produkować na masową skalę już w 1878 roku. Hola, hola – odpowiemy, broniąc Łukasiewicza i jego lampy. Żarówki elektryczne świeciły elegancko i jasno tam, gdzie był dostęp do… prądu elektrycznego. Zapamiętaj, że jeszcze przez długie dziesięciolecia miliony ludzi na świecie nie miały elektryczności. Dlatego na Dzikim Zachodzie, afrykańskiej sawannie, Syberii, w Australii, na wsiach i w małych miasteczkach niemal całej Europy lampa naftowa okazywała się jedynym skutecznym sposobem oświetlania domów, powozów, szkół i szpitali. Jeszcze 50 lat po wynalezieniu lampy naftowej do wioski położonej 30 km od Warszawy można było przywieźć dowolną liczbę żarówek i… nie było ich do czego podłączyć. Zapadała noc i ludzie zapalali lampy naftowe. Także dziś, gdy nagła awaria pozbawia miasto prądu, warto mieć je pod ręką. W mig w domu pojawi się żółtawe, ciepłe i jasne światło.

Muzeum Podkarpackie, ul. Piłsudskiego 16, Krosno. tel. 13 432 13 76, czynne od listopada do kwietnia od wtorku do piątku w godz. 9-16, sobota i niedziela 10-16, od maja do października od wtorku do piątku w godz. 9-17, sobota i niedziela 10-17.

 www.muzeum.krosno.pl
www.muzeumrzemiosla.pl

Posłuchaj Karoliny

Nie wyobrażam sobie życia bez prądu. Jednak przyznaję, że kiedy spędza się wieczór z rodziną przy lampie naftowej, atmosfera jest nieprawdopodobna! Robi się tak jakoś bajkowo, przytulnie. I wszyscy mają czas, żeby ze sobą rozmawiać. Gdy jedziemy na działkę, lampa towarzyszy nam prawie każdego wieczoru. Za to kompletnie nie rozumiem, jak można było z nią podróżować nocą. Światło wyprzedza cię dosłownie o dwa kroki i nawet własny ogródek przypomina wtedy nieprzyjazną krainę pełną strachów. Brrr, jednak latarka jest o wiele lepsza!

JESTEŚ O KROK

• **Skansen w Bóbrce** – do obejrzenia muzeum i ciekawy skansen przemysłu naftowego, m.in. XIX-wieczne szyby naftowe.

Skansen-Muzeum Przemysłu Naftowego i Gazowniczego im. Ignacego Łukasiewicza w Bóbrce, ok. 20 km na południe od Krosna, tel. 13 433 34 78; zwiedzanie od maja do września w godz. 9-17, od października do kwietnia 7-15 (oprócz poniedziałku), www.bobrka.pl

• **Gorlice** – w 1854 roku zapalono tu pierwszą na świecie uliczną latarnię naftową. Dziś w tym miejscu, na skrzyżowaniu ulic Węgierskiej z Kościuszki, stoi zabawny pomnik – oczywiście z lampą naftową.

www.gorlice.pl

• **Jezioro Solińskie** – zob. s. 32-33.

Ignacy Łukasiewicz

Tarnowskie Góry, czyli wyprawa łodzią do kopalni

W Tarnowskich Górach na Śląsku wydobywano srebro i ołów już ponad 700 lat temu. Jednak dopiero przed 300 laty zaczęto tu budować kopalnie z prawdziwego zdarzenia. Z tamtych czasów pozostało pod ziemią

Sztolnia Czarnego Pstrąga

kilkadziesiąt kilometrów korytarzy oraz skansen potężnych maszyn parowych, które sprowadzano dla zwiększenia wydobycia kruszców. Pierwsza maszyna parowa, jaka pojawiła się na ziemiach polskich, zaczęła pracować właśnie tu – w kopalni „Fryderyk". Podziemne chodniki wciąż zalewała woda, którą trzeba było bez przerwy wypompowywać. Stosowano do tego pompy poruszane przez konie. Setki tych biednych zwierząt spędzały życie w ciemnościach, chodząc w ogromnych kieratach i służąc za żywe silniki. W 1787 roku zakupiono machinę parową z Anglii za olbrzymią wówczas kwotę 15 tysięcy talarów w złocie. Okazało się, że jest sprawniejsza, szybsza i tańsza niż utrzymywanie setek koni. Przez następnych 20 lat zainstalowano w Tarnowskich Górach pięć kolejnych maszyn. Żelazne kolosy, które wyglądają niczym machiny bojowe z filmów science-fiction, nadal można oglądać w tutejszym skansenie. Ale to nie koniec atrakcji. Miejscową zabytkową **Sztolnię Czarnego Pstrąga** zwiedza się, płynąc łodzią. Turyści mogą więc odbyć niezwykłą podróż. Trasa ma długość 600 m i wiedzie podziemnym chodnikiem, który w wielu punktach jest tak wąski, że można jednocześnie dotknąć obydwu ścian. W wodzie żyją najprawdziwsze pstrągi – stąd nazwa sztolni.

• Sztolnia Czarnego Pstrąga, ul. Śniadeckiego 1, Tarnowskie Góry, tel. 32 285 49 96, dla grup zorganizowanych (po wcześniejszej rezerwacji) czynne cały rok od godz. 8 do zmroku, dla turystów indywidualnych informacja o godzinach zwiedzania podana jest na stronie internetowej.

• Zabytkowa Kopalnia Srebra, ul. Szczęść Boże 81, Tarnowskie Góry, tel. 32 285 29 81, czynne od poniedziałku do niedzieli w godz. 9-15, od czerwca do sierpnia i w weekendy do godz. 17 (dla grup zorganizowanych wymagana rezerwacja).

 www.kopalniasrebra.pl

JESTEŚ O KROK

• **Mysłowice, Centralne Muzeum Pożarnictwa** – znajduje się tu ponad 9000 eksponatów związanych z pożarnictwem, w tym zabytkowy sprzęt bojowy, najstarsza w Polsce konna sikawka z 1717 roku, a także kolekcja wozów strażackich.

Centralne Muzeum Pożarnictwa, ul. Stadionowa 7 a, Mysłowice, tel. 32 222 37 33, czynne we wtorek, środę, piątek oraz sobotę i niedzielę w godz. 10-16, w czwartek – 10-17.30, w niedzielę wstęp wolny, www.cmp-muzeum.pl

• **Radzionków, Muzeum Chleba, Szkoły i Ciekawostek** – można tu obejrzeć dawną szkolną izbę, w pełni zrekonstruowaną zabytkową piekarnię, a także upiec chleb przy użyciu ponadstuletnich sprzętów i pieców.

Muzeum Chleba, Szkoły i Ciekawostek, ul. Nałkowskiej 5, Radzionków, tel. 32 387 17 60, czynne od poniedziałku do piątku w godz. 8-16, od kwietnia do listopada w pierwszą sobotę miesiąca w godz. 11-16, www.muzeum-chleba.pl

• **Zabrze, Muzeum Górnictwa Węglowego** i **Skansen Górniczy „Królowa Luiza"** – można tu poznać historię górnictwa, dowiedzieć się, jak wydobywano węgiel przed setkami lat, jakie skarby odnajdywano w kopalniach. Do obejrzenia jest kolekcja maszyn i urządzeń stosowanych w kopalniach przez ostatnie 200 lat.

• Muzeum Górnictwa Węglowego, ul. 3 Maja 19, Zabrze, tel. 32 271 88 31, www.muzeumgornictwa.pl

• Skansen Górniczy „Królowa Luiza", ul. Wolności 410, Zabrze, tel. 32 370 11 27, www.luiza.zabrze.pl

• **Zabrze, Zabytkowa Kopalnia Węgla Kamiennego „Guido"** – zwiedzanie odbywa się na głębokości 170 m i 320 m pod ziemią.

Zabytkowa Kopalnia Węgla Kamiennego „Guido", ul. 3 Maja 93, Zabrze, tel. 32 271 40 77 w. 5183, czynne po wcześniejszej rezerwacji: we wtorek 9-17, od środy do piątku 9-14.30, w sobotę i niedzielę 12-17, www.kopalniaguido.pl

Częstochowa, czyli co ma piernik do wiatraka, a kot do zapałek

Piernik do wiatraka ma tyle, że bez mąki piernika nie da się upiec, a bez wiatraka nie można mąki ze-mleć z ziaren zbóż. Logiczne. A kot i zapałki? Bez niego nie będzie za-pałek. Pudełka zapałek z wizerun-kiem czarnego kota są znane od dziesięcioleci w Polsce i za granicą. Właśnie z ich powodu zawędrowa-liśmy do Częstochowy. Tutejsza fa-bryka wytwarza te przydatne towa-ry od 1881 roku. Mieści się w niej także jedyne w Polsce muzeum ilu-

Produkcja zapałek

strujące cały proces ich powstawania – od dużego klocka osiko-wego drewna do pudełeczka z kotem i 48 zapałkami w środku. Linia produkcyjna zainstalowana w 1931 roku pracuje do dziś. Dodatkową atrakcją są wystawy rzeźb wykonanych z jednej za-pałki oraz etykiet (ich kolekcjoner to **filumenista**).

Po zwiedzeniu muzeum trzeba koniecznie odwiedzić skle-pik – można się tu przekonać, w jak wielu pudełkach sprze-daje się zapałki, ile kolorów mogą mieć ich łebki, a opako-wania kształtów.

Częstochowskie Zakłady Przemysłu Zapałczanego S.A., ul. Ogrodowa 68, Częstochowa, tel. 34 324 26 26, muzeum czynne od poniedziałku do piątku w godz. 8-13, grupy zorganizowane są proszone o wcześniejszą rezerwację.

 www.zapalki.pl

```
JESTEŚ O KROK

• Mstów niedaleko Częstocho-
wy – kto lubi zwiedzać stare for-
tyfikacje, powinien obejrzeć mury
obronne i baszty strzegące tutej-
szego klasztoru.

www.mstow.pl

• Olsztyn – przy zamkowych rui-
nach działa niezwykłe muzeum
artysty Jana Wiewióra. Warto tu
zobaczyć ruchomą szopkę, do któ-
rej budowy zużyto 800 ręcznie
wystruganych z drewna figur,
a przed budynkiem drewniane bu-
dowle, m.in. ogromną wieżę ko-
ścioła Mariackiego.

www.olsztyn.ug.gov.pl
```

Gliwice, czyli fabryka pomników

Zapraszamy do wizyty w dawnej Królewskiej Hucie Żelaza, gdzie mieści się Oddział Odlewnictwa Artystycznego Muzeum w Gliwicach. Pod tą nazwą ukrywa się prawdziwa fabryka po-mników. W hucie odlewano żeliwo – potwornie ciężki i dość kruchy metal, który jednak daje się formować na gorąco w drewnianych i glinianych matrycach. Roztopiony przybiera ich kształt, podobnie jak ołów. Z tego powodu żeliwo było niegdyś ulubionym materiałem do produkcji kadłubów maszyn, rzeźb oraz przedmiotów, które musiały być ozdobne, trwałe i ciężkie, np. nóżek do eleganckich wanien, podstawek pod gorące naczynia, ławek parkowych czy pokryw studzienek kanalizacyjnych. Ale przede wszystkim z żeliwa wytwarzano pomniki! W muzeum można obejrzeć imponującą kolekcję odlewów starych i współczesnych monumentów, stojących w wielu polskich miastach, a także rzeźb i przedmiotów artystycznych.

Oddział Odlewnictwa Artystycznego mieści się w hali byłej maszynowni kopalni „Gliwice", ul. Bojkowska 37, Gliwice, tel. 32 231 08 54, czynne codziennie w godz. 10-18, w czwartek wstęp wolny.

 **www.muzeum.gliwice.pl**

Warszawa – Muzeum Techniki

Mieści się ono w Pałacu Kultury i Nauki. Jest tu sporo prawdziwych skarbów: kolekcja starych samochodów i motocykli, modele silników, szybowców, zabytkowych rowerów, maszyn do pisania, starodawnych urządzeń codziennego użytku. Muzeum szczyci się sporym zbiorem modeli satelitów i statków kosmicznych, sklejanych modeli pojazdów wojskowych oraz… **planetarium**, w którym można śledzić niebo, ruchy gwiazd i planet, a także dowiedzieć się o wielu tajemnicach wszechświata.

Atrakcją jest też niezwykła „szklana panienka" – **multimedialny model człowieka** naturalnej wielkości, objaśniający w przystępny sposób, jak funkcjonuje ludzki organizm.

Muzeum Techniki – Pałac Kultury i Nauki (wejście od strony Dworca Centralnego), tel. 22 656 67 47, czynne od 1 kwietnia do 30 października od wtorku do piątku w godz. 9-17, w weekendy 10-17, od 1 listopada do 30 marca od wtorku do piątku w godz. 8.30-16.30, w weekendy 10-17.

 **www.muzeum-techniki.waw.pl**

Muzeum Techniki w Warszawie

Na tropach smoków

Wierzysz w smoki? Jeśli nie, to nie masz po co szukać ich tropów i w ogóle zajmij się czymś innym. Jeżeli tak – zapraszamy na wyprawę pełną przygód, ostrych zębów, pisków przerażenia i chrzęstu chrupanych kości (ten ostatni dźwięk wyczarujesz z łatwością, jedząc chipsy). A czy wspomnieliśmy, że smokami są też dinozaury? Nie? Nadrabiamy więc to niedopatrzenie. Ponieważ istnienie dinozaurów potwierdzono naukowo, zapewne wiesz, że kiedyś rzeczywiście żyły. W takim razie wierzysz też w smoki. Ha! Mamy cię.

KRAKÓW – WEJŚCIE SMOKA

● KRAKÓW

Legenda o smoku wawelskim

Na pewno ją znasz, ale nie zaszkodzi przypomnieć kilku faktów. Gdy Krakowem i okolicami rządził książę Krak, wielką jamę pod wzgórzem wawelskim upodobał sobie straszliwy potwór ziejący ogniem i pożerający na jedno posiedzenie dwie krowy, trzech rycerzy, owieczkę i jeszcze na deser księżniczkę. Mogła być ostatecznie podana bez kremu i wisienki na wierzchu. Smoka próbowali zgładzić najodważniejsi rycerze, ale polegli na polu chwały, gdy zaś groźny stwór już ich zjadł, dłubał sobie w zębach pogiętymi mieczami nieszczęśników. Wreszcie pewien sprytny szewczyk, imieniem Dratewka, widząc, jak kolejni śmiałkowie giną bez sensu i bez wyobraźni, napchał w owczą skórę siarki, smoły i innych żrących substancji, po czym podrzucił tak przygotowaną owieczkę u wejścia do jaskini. Smok pożarł przynętę, a siarka zaczęła palić mu trzewia, więc ruszył napić się wody z Wisły. Wypił jej tak dużo, że pękł i zdechł. Szewczyk natomiast uszył sobie buty z jego skóry i poślubił księżniczkę, córkę Kraka. Niektórzy powiadają, że w ten sposób ukatrupił ostatniego żyjącego dinozaura, ale w tamtych czasach nie było jeszcze przepisów chroniących zagrożone wyginięciem gatunki zwierząt. Żebro potwora do dziś wisi na ścianie katedry na Wawelu. Choć nie brakuje niedowiarków, którzy przekonują turystów, że to nie żaden smoczy gnat, tylko kieł mamuta. Ale skąd mamuty na Wawelu – zapytasz. Przecież natychmiast zjadłby je smok! Czego to ludzie nie gadają, żeby tylko turystom w głowie namieszać…

Smocza Jama

Legenda legendą, ale po smoku pozostała do dziś najprawdziwsza Smocza Jama. I tę właśnie warto zobaczyć. Wejście do niej znajduje się na Wzgórzu Zamkowym, niedaleko muru obronnego, w wieży z czerwonej cegły, wybudowanej tuż przy potężnej Baszcie Złodziejskiej. Schodzi się w dół po stromych, krętych i trochę niebezpiecznych schodach. Uwaga – najmłodsi będą potrzebować pomocy kogoś starszego.

Smocza Jama to trzy jaskinie zwane przez przewodników **komorami**. Łatwo przez nie przejść, ale trzeba uważać na głowę. Nie panują w nich przesadnie niskie temperatury, więc podczas kilkuminutowego zwiedzania raczej nikt nie zmarznie. Z jaskini wychodzi się na nadwiślański bulwar, gdzie można zobaczyć smoka – co prawda tylko pomnik, ale za to jaki straszny! Gdy wyślesz SMS pod podany na cokole numer, bestia zacznie zionąć ogniem. Dzieciaki mają ubaw i robią sobie wtedy zdjęcia z potworem, ale najmłodsi turyści mogą się trochę przestraszyć.

Smocza Jama – wzgórze Wawel, Kraków, czynne od końca kwietnia do października w godz. 10-17, w weekendy 10-18.

Posłuchaj Karoliny

Zabierz ze sobą latarkę albo kask, bo w Smoczej Jamie łatwo gruchnąć głową w skałę. Ja się tak huknęłam, że zaryczałam prawie jak smok! A w ogóle to jakaś lipa, bo przewodnik mówił, że w tej jaskini była kiedyś karczma i krakowscy mieszczanie przychodzili tu pić wino. Nie wierzę, aby ktoś ucztował w miejscu, w którym smok pożerał księżniczki!

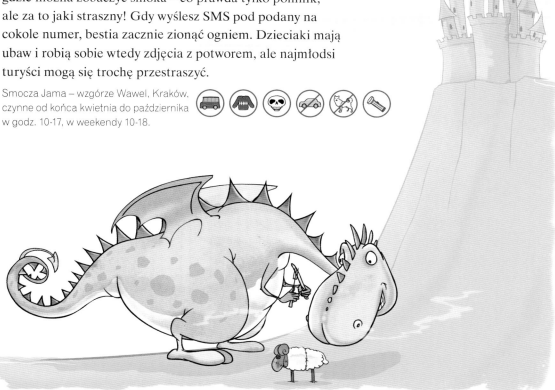

Fortepianowy smok podczas parady w Krakowie

Wielka Parada Smoków

Odbywa się co roku na początku czerwca w Krakowie. Uczniowie, przedszkolaki, aktorzy, rekwizytorzy, filmowcy i inni fani smoków przygotowują wtedy dziesiątki kolorowych poczwar, dinozaurów, smoków oraz jaszczurów. Roztańczony pochód w rytm trąbek, bębnów, muzyki i śmiechu maszeruje przez Stare Miasto. Na miejscu można spotkać inne dziwadła: złotego Stańczyka zmieniającego się w posąg, straszydła, duchy, upiory, lajkonika… Ale oczywiście najważniejsze i najpiękniejsze są smoki! Dla nich przyjeżdżają do Krakowa tłumy turystów.

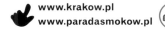 **www.krakow.pl**
www.paradasmokow.pl

JESTEŚ O KROK

- **Kopiec Kościuszki** – prawie 200 lat temu krakowianie usypali wielką górę na cześć Tadeusza Kościuszki, który dzielnie walczył o niepodległość Polski pod Racławicami. Z wierzchołka widać Kraków, szczyty Beskidów, a przy dobrej pogodzie Tatry.
- **Muzeum Lotnictwa Polskiego** – coś dla fanów samolotów. Są tu modele z I i II wojny światowej, maszyny bojowe, które ocalały dosłownie w jednym egzemplarzu, np. polski myśliwiec PZL P11c z września 1939 roku. W kolekcji znajdują się także inne typy uzbrojenia, m.in. armaty i rakiety przeciwlotnicze.

Muzeum Lotnictwa Polskiego, al. Jana Pawła II 39, Kraków, tel. 12 640 99 60, czynne w sezonie letnim od wtorku do piątku w godz. 9-17, w sobotę i niedzielę 10-16, poza sezonem od wtorku do piątku w godz. 9-16, we wtorek wstęp wolny, www.muzeumlotnictwa.pl

• **Aquarium** – jedno z największych w Polsce. Można w nim oglądać ryby koralowe, płaszczki, drapieżne mureny oraz rekiny (niestety, tylko te należące do mniejszych gatunków). Jest tu również zrekonstruowany potwór sprzed tysięcy lat – nosorożec włochaty.

Aquarium znajduje się w krakowskim Muzeum Przyrodniczym, ul. św. Sebastiana 9, Kraków, tel. 12 429 10 49, czynne od poniedziałku do piątku w godz. 9-18, w sobotę w godz. 9-19, www.aquariumkrakow.com

• **Pomnik Dżoka** – jedyny w Polsce pomnik psa. Wystawiono go nieopodal Wawelu na Bulwarze Czerwieńskim na cześć Dżoka, którego pan zmarł nagle na ulicy. Poczciwy kundelek przez kilka miesięcy czekał w miejscu, z którego jego właściciela zabrała karetka pogotowia. Nie wiedział, biedak, że pan już po niego nie wróci. Krakowianie dokarmiali czworonoga, wiernie tkwiącego na swoim posterunku. Gdy Dżok zginął przejechany przez pociąg, miasto zbierało pieniądze na jego pomnik.

Pomnik Dżoka

Posłuchaj Karambola

Hauuuuu! Oto symbol psiej wierności, oto dowód, kto jest najlepszym przyjacielem człowieka. Ale czy człowiek to potrafi docenić? Ja w każdym razie złożyłem pod pomnikiem Dżoka swoją najlepszą kość i ulubioną gumową zabawkę. I zawyłem najpiękniejszą pieśń, jaką znam. Hauuuuu!

BAŁTÓW – TĘDY ŁAZIŁY DINOZAURY

● BAŁTÓW

Sukces filmów z cyklu *Park Jurajski* sprawił, że świat zaczął interesować się dinozaurami. Większość dzieciaków potrafi wymienić co najmniej kilka nazw tych gadów i w przybliżeniu podać, kiedy żyły na Ziemi. Dzięki parkom, w których gromadzone są modele dinozaurów, wiadomo, że zwierzęta te występowały także na terenie Polski. I można przeżyć fantastyczną przygodę – stanąć obok jednego z nich, sprawdzić, jaki był wielki, i zrobić sobie z nim pamiątkowe zdjęcie.

Podróż w czasie

Nieprzypadkowo właśnie Bałtów wybrano na urządzenie Jura-Parku. To w tej okolicy znaleziono bowiem odciski łap allozaurów i stegozaurów pochodzące sprzed 150 milionów lat. Wędrówka przez park to prawdziwa podróż w czasie. Poznaje się

Posłuchaj Karoliny

Myślałam, że te dinozaury będą się ruszały, a one nie dość że są sztuczne, to jeszcze całkiem sztywne! Jeśli ktoś nastawiał się na coś innego, to, niestety, babskie kotlety – zobaczy tylko pomniki, a nie kłapiące szczękami potwory. Ale jest też dobra wiadomość. Twórcy filmu *Park Jurajski* zbudowali zoo z żywymi dinozaurami i skończyło się na tym, że nie wszyscy bohaterowie przeżyli ten eksperyment, gdyż część z nich trafiła do żołądków tych zębalców.

Nie ma więc tego złego, co by na dobre nie wyszło. Dinozaury w polskich parkach jurajskich nie są żywe, za to zwiedzający – tak!

Skamieniałości – szkielety, muszle, rośliny, które po milionach lat leżenia w ziemi lub w wodzie zmieniły swój skład chemiczny i stały się twarde jak skała.

wszystkie epoki: od prehistorycznego kambru po czasy współczesne, oglądając przy tym zmieniającą się przez miliony lat roślinność oraz straszliwych mieszkańców tych ziem. Na terenie parku ustawiono ponad 40 modeli dinozaurów naturalnej wielkości, a także inne dawno wymarłe zwierzęta. Największe wrażenie robią oczywiście olbrzymy – allozaury i sejsmozaur mający aż 47 m długości! Kapitalnym pomysłem organizatorów okazało się zaaranżowanie walk i polowań pradawnych gadów. Potwory wykonano bardzo realistycznie i z odtworzeniem wszystkich znanych naukowcom szczegółów. Wyglądają jak żywe… Niestety, nie ryczą i, na szczęście, nie zjadają turystów.

Kto interesuje się przeszłością Ziemi, na pewno da się namówić na obejrzenie wystawy **skamieniałości** i minerałów. Na miejscu można wziąć udział w odkopywaniu 15-metrowego szkieletu dinozaura, a na koniec skorzystać z szalonego placu zabaw.

JuraPark Bałtów, tel. 41 264 14 21. Aktualne informacje o godzinach otwarcia najlepiej sprawdzić w Internecie.

 www.juraparkbaltow.pl

Uwaga, atrakcja!

Dodatkowe atrakcje Bałtowa znajdziesz w innych rozdziałach tej książki. Przypomnijmy je pokrótce: jazda konna w ośrodku Kraina Koni i zoo w plenerze (zob. s. 46, 47), które zwiedza się amerykańskim autobusem szkolnym. Od kwietnia do października organizowane są tu także spływy tratwami po rzece Kamiennej. Zaczynają się przy przystani „Gierczakówka", a kończą po godzinnej podróży niemal u wrót JuraParku. Zimą warto wybrać się do Bałtowa na kulig, skorzystać ze stoku narciarsko-saneczkarskiego, wyciągu i dwóch tras zjazdowych. www.szwajcariabaltowska.pl, www.baltow.info

JESTEŚ O KROK

Krzemionki Opatowskie koło Ostrowca Świętokrzyskiego – jedyna zachowana podziemna kopalnia krzemienia sprzed 5000 lat. Biżuteria z pasiastych krzemieni opatowskich jest ceniona na całym świecie. Pod ziemią biegnie trasa turystyczna długości 465 m. Można zobaczyć, w jakich warunkach pracowano kiedyś w kopalni, chaty pradawnych górników, a nawet ich samych ukazanych przy swoich zajęciach.

Muzeum i Rezerwat Archeologiczno-Przyrodniczy „Krzemionki", tel. 41 262 09 78, www.krzemionki.pl

ZATOR – KTO POWIEDZIAŁ, ŻE DINOZAURY SKAMIENIAŁY?

ZATOR

No właśnie… idziesz ścieżką przez mroczny, głęboki las. Z oddali dobiegają budzące grozę ryki nieznanych stworzeń. Zza gęstego listowia łypie złe, żółte oko jakiegoś wielkiego gada. W tej samej sekundzie potwór rozdziawia paszczę pełną zębów ostrych jak sztylety i rusza na ciebie z przeraźliwym rykiem… Nie ma czasu na ucieczkę. Już po tobie. Spożywanie posiłków na łonie przyrody jest przyjemne i zdrowe – dinozaury wiedzą o tym doskonale!

Posłuchaj Karoliny

Trochę marudziłam, że skoro widziałam już dinozaury w Bałtowie, to nie chcę ich drugi raz oglądać w Zatorze. Ale pojechałam, żeby Karol się nie złościł. A tam… nie uwierzysz… RATUNKUUU! One są jak żywe!

DinoZatorland w Zatorze

DinoZatorland

Park otwarto w 2009 roku. Na szczęście opuszcza go tyle samo turystów, ile do niego wchodzi. Dinozaury faktycznie poruszają się, ryczą, atakują, ale nie są prawdziwe. Co nie znaczy, że nie można się ich przestraszyć! Rodzice najmłodszych dzieci powinni zastanowić się, czy nie przełożyć wizyty o 2-3 lata. W gęstym lesie czai się na wycieczkowiczów ponad 70 gadów, w tym przerażający ruchomy *Tyrannosaurus rex* – najgroźniejszy myśliwy, jaki kiedykolwiek polował na naszej planecie. Oprócz tego zwiedzający mogą podziwiać statyczne modele dinozaurów podczas jedzenia, wypoczynku i polowań. W muzeum jest kolekcja kości i szkieletów prehistorycznych stworzeń oraz innych skamieniałości, a na placu zabaw niedaleko parku można wziąć udział w poszukiwaniach szkieletu dinozaura i zabawić się w **paleontologa** (czyli naukowca badającego pradawne rośliny i zwierzęta).

DinoZatorland, ul. Parkowa 7, Zator, tel. 667 979 220, czynne od kwietnia do października, wejścia dla grup najlepiej rezerwować telefonicznie od poniedziałku do piątku w godz. 8-16, tel. 601 858 851.
Aktualne godziny zwiedzania znajdują się na stronie internetowej.

 www.dinozatorland.pl

Uwaga, atrakcja!

Organizatorzy zadbali o to, żeby trudno było wrócić do domu. Odwodzą od tego następujące wygłupy: tor gokartowy udający wyścigi Formuły 1, gokarty dla najmłodszych, tor quadowy dla małych i dużych wariatów, kino trójwymiarowe, skutery, zjeżdżalnia w kształcie dinozaura, piaskownica ze szkieletem dinozaura na dnie, małpi gaj z kulkami, trampoliny, kolejka, którą można jeździć w kółko, karuzele, flippery, piłkarzyki oraz przejażdżki na kucyku.

JESTEŚ O KROK

• **Wadowice** – tu urodził się Jan Paweł II. Warto zwiedzić kościół, w którym Karol Wojtyła został ochrzczony, jego dom rodzinny, rynek, na którym już jako Ojciec Święty odprawiał msze. No i koniecznie trzeba wybrać się na papieską kremówkę – te smakowite ciastka oferuje kilka kawiarni i cukierni.

• **Alwernia** – zob. s. 28.

• **Kalwaria Zebrzydowska** – co roku w Wielkim Tygodniu odbywa się tu Misterium Męki Pańskiej. To odtworzenie ostatnich dni życia Pana Jezusa – od wjazdu do Jerozolimy aż do ukrzyżowania. Aby wziąć udział w misterium, z całej Polski przybywają wtedy tysiące wiernych. Warto zajrzeć do tego miasta także w innym czasie, aby zwiedzić wspaniały klasztor i park.

Park Dinozaurów w Rogowie

Zaurolandia w Rogowie

To największy w Polsce i jeden z większych w Europie parków dinozaurów. Są tu wszystkie atrakcje znane z innych tego rodzaju miejsc: plastikowe gady naturalnej wielkości (niestety, nieruchome), plac zabaw, odkopywanie kości dinozaura w wielkiej piaskownicy, salony gier, jazda quadami i elektrycznymi samochodzikami, wesołe miasteczko oraz nadmuchiwane zjeżdżalnie. Co najbardziej wyróżnia ten obiekt? To, że goście mogą tu przyjeżdżać przez cały rok.

Zwiedzanie trwa 1,5 godz., ale do tego oczywiście trzeba doliczyć czas na inne atrakcje.

Park Dinozaurów „Zaurolandia", ul. Kolejowa 99, Rogowo, tel. 52 359 30 80, czynne od kwietnia do października w godz. 10-18, od listopada do marca 10-16.

 **www.zaurolandia.pl**

Kołacinek

Kołacinek niedaleko Zgierza oferuje park z plastikowymi dinozaurami ukrytymi w zagajnikach, wesołe miasteczko, dmuchane zjeżdżalnie i „wykopaliska" w piasku. Dodatkową atrakcją jest **Kraina Świętego Mikołaja**, popularna zwłaszcza w sezonie zimowym. Zaprasza od 15 listopada do 15 lutego na świąteczne, prezentowe i mikołajowe zabawy (w tym poszukiwanie magicznej gwiazdki, mielenie złych dziecięcych uczynków w specjalnym młynku, odciskanie pamiątkowych monet i spotkanie z prawdziwymi reniferami).

Park Jurajsko-Botaniczny „Dinopark", Kołacinek 21, Dmosin, tel. 46 874 76 86, 46 874 05 53, czynne od kwietnia do końca października, w kwietniu w godz. 9-18, od maja 9-19.

 **www.dino-park.pl**

JESTEŚ O KROK
- **Wenecja** i **Biskupin** – zob. s. 53, 54.
- **Gniezno** – zob. s. 163.

Solec Kujawski

W tym położonym niedaleko Bydgoszczy parku czeka na ciebie klasyka dinozaurowa – ścieżka dydaktyczna z modelami jaszczurów naturalnej wielkości, ciekawie zaaranżowane muzeum, lekcje dla grup zorganizowanych oraz park zabaw dla najmłodszych.

JuraPark, ul. Sportowa 1, Solec Kujawski, tel. 52 387 32 35, 52 387 85 28, czynne przez cały rok. Aktualne godziny zwiedzania najlepiej sprawdzić w Internecie.

 **www.juraparksolec.pl**

Jurowce

Zlokalizowany w pobliżu Białegostoku park nie różni się od innych obiektów tego typu: plastikowe gady w lasku, wesołe miasteczko na piasku, dmuchane zjeżdżalnie, kolejka elektryczna dla dzieci, tor przeszkód, huśtawki, tor kartingowy, a także wioska indiańska.

Jurajski Park Dinozaurów, ul. Nadawki, Jurowce, tel. 607 783 953, 695 927 735, 695 927 736, rezerwacja wycieczek, tel. 601 920 701, czynne od kwietnia do października. Aktualne godziny zwiedzania najlepiej sprawdzić w Internecie.

 www.jurajskiparkdinozaurow.pl

Nowiny Wielkie

Klasyczny park z dinozaurami latem i Świętym Mikołajem zimą. Modele dinozaurów są podświetlane po zmroku, co wygląda bardzo atrakcyjnie. Sama ścieżka edukacyjna ma ok. 700 m. Oprócz tego: muzeum skamieniałości, zaplecze gastronomiczne i sklep z pamiątkami.

Park leży niedaleko wspaniałego Zoo Safari w Świerkocinie nieopodal Gorzowa Wielkopolskiego (zob. s. 42-43). Warto uzupełnić wypad do parku z dzikimi zwierzętami o dinozaury (lub odwrotnie). Trzeba jednak uczciwie przyznać, że żywe zwierzęta są ciekawsze od plastikowych, wciśniętych nienaturalnie pomiędzy brzozy i sosny.

Park Dinozaurów, leśna ścieżka edukacyjna, ul. Kolejowa 1 b, Nowiny Wielkie, tel. 95 781 41 08, 692 484 992, czynne od maja do sierpnia od poniedziałku do piątku w godz. 9-20, sobota, niedziela i święta 10-20, od września do kwietnia od poniedziałku do piątku w godz. 9-18, sobota, niedziela i święta 10-19.

 www.park-dinozaurow.pl

Jurajski Park Dinozaurów w Jurowcach

Najpiękniejsze rynki

Rynki? Czyli place w środku miasta? Co niby jest w nich takiego fajnego, że warto je oglądać? Już tłumaczymy. Rynek to serce każdego miasta i jednocześnie jego najbardziej reprezentacyjna część. Zdobią go najpiękniejsze kamienice, wspaniałe kościoły i ratusze, roi się tu także od ulicznych atrakcji w postaci parad i festynów. Przed wiekami na miejskich placach organizowano jarmarki i targowiska, pojedynkowali się rycerze, hucznie obchodzono święta, dudniły taneczne zabawy. Dlatego jeśli chcesz poznać duszę miasta, musisz odwiedzić jego rynek.

KRAKÓW – DWIE WIEŻE I ŚREDNIOWIECZNY SUPERMARKET

● KRAKÓW

Kościół Mariacki

Atrakcji w Krakowie są pewnie tysiące. Można napisać o tym grubaśny przewodnik, zresztą w księgarniach leży ich cała sterta. Tym razem wybierzemy się na Rynek Główny. Z pewnością nabierzesz potem takiego apetytu na resztę miasta, że postanowisz zwiedzać je jeszcze i jeszcze…

Turyści najczęściej wchodzą na rynek ul. Floriańską, mijając najeżony wieżyczkami obronnymi Barbakan oraz słynną kamienną Bramę Floriańską. Naszym pierwszym przystankiem będzie kościół Mariacki, którego dwie wieże są nierównej wysokości. Dlaczego tak jest, wyjaśni Karol.

Posłuchaj Karola

Podobno wieże wznosili dwaj bracia – majstrowie murarscy. Rywalizowali o to, czyja wieża będzie wyższa i ładniejsza. Gdy okazało się, że jeden z nich już prawie kończy, a drugi pozostaje w tyle, zdarzyła się tragedia. Ten, któremu praca szła wolniej, z zazdrości zabił brata. Dręczyły go jednak wyrzuty sumienia, dlatego skoczył ze swojej wieży i zginął. Wieżę bratobójcy ukończyli inni budowniczowie, ale na pamiątkę wypadku zostawili ją niższą. Brrr! Ale historia! Aha, z tej wyższej co godzinę słychać hejnał grany przez trębacza. Oczywiście najważniejszy jest ten, który rozbrzmiewa w samo południe! Dlaczego? Bo płynie na cztery strony świata.

Uwaga, atrakcja!

W kościele Mariackim koniecznie zobacz **ołtarz**, który wykonał 500 lat temu **Wit Stwosz**. Nad swym dziełem pracował 12 lat. W lipowym drewnie wyrzeźbił 200 figur świętych, apostołów, mieszkańców miasta i zwierząt. To najcenniejszy tego rodzaju zabytek na świecie. W dodatku przepiękny. Czy wiesz, że mistrzowi pozowali krakowscy mieszczanie? Można więc dowiedzieć się, jak wyglądali ludzie, którzy przed wiekami żyli na tych ziemiach. Za kościołem Mariackim znajdują się średniowieczne **dyby**, w które zakuwano przestępców.

Krakowskie legendy prosto z rynku

O hejnale. Trębacz na wieży gra swoją melodię na cztery strony świata i urywa w nieoczekiwanym momencie, jakby coś się stało. I faktycznie, tak właśnie było. Gdy Tatarzy podchodzili pod wały miejskie, by podstępnie napaść i ograbić Kraków (co nastąpiło w 1241 roku), trębacz zobaczył ich z wieży i zagrał sygnał ostrzegawczy. Nie dokończył jednak melodii, bo tatarska strzała przeszyła mu gardło. Mimo to zdążył zaalarmować mieszczan, którzy stanęli do obrony grodu. Na pamiątkę tego wydarzenia hejnał urywa się nagle, w pół tonu.

Kościół Mariacki w Krakowie

Sukiennice

O lajkoniku. Ta legenda jest równie ciekawa. Otóż Tatarzy chcieli napaść na miasto, ale przed atakiem postanowili odpocząć w nadwiślańskich ostępach. Tam odnaleźli ich i poturbowali flisacy, którzy spławiali Wisłą towary do Gdańska. Następnie przebrali się w porzucone tatarskie stroje, zabrali broń, dosiedli wierzchowców wroga i wpadli na rynek, wzbudzając panikę wśród mieszczan. Gdy zrzucili z siebie odzienie i uspokoili przerażonych krakowian, ci postanowili, że na pamiątkę tego zdarzenia, ósmego dnia po święcie Bożego Ciała po Rynku Głównym będzie hulał lajkonik, czyli pół Tatarzyn, pół konik.

Kartka z kalendarza

Pierwsza niedziela września – na Rynku Głównym co roku odbywa się wtedy Wielka Parada Jamników. Towarzyszy jej wiele konkursów, m.in. na najdłuższego jamnika, na najciekawiej przebranego jamnika lub na jego najpiękniejszy portret. Wielbicielom tej rasy psów mówimy krótko: nie może was tam zabraknąć!

Wielka Parada Jamników

LANCKORONA – RYNEK JAK Z BAJKI

LANCKORONA
TARNÓW

rzeć się makiecie pokazującej centrum Lanckorony sprzed wielkiego pożaru w 1868 roku i porównać ją z dzisiejszym wyglądem miasta. Pobaw się w detektywa i spróbuj rozstrzygnąć, który dom jest oryginalny, a który dobudowano.

Izba Muzealna im. prof. Antoniego Krajewskiego, Rynek 133, Lanckorona, czynne w sobotę w godz. 10-15, w niedzielę 13-18, w pozostałe dni otwarte po wcześniejszym uzgodnieniu, tel. 33 876 35 67.

JESTEŚ O KROK
- **Kalwaria Zebrzydowska** – zob. s. 81.
- **Wadowice** – zob. s. 81.

Lanckorona to senne, urokliwe miasteczko położone 40 km od Krakowa. Niektórzy mówią, że jest magiczne, dlatego że oczarowała ich jego uroda. Stoi tu mnóstwo starych, ponadstuletnich drewnianych domów, pięknie zachowanych i pomalowanych. Spacerując uliczkami, można poczuć się tak, jakby ktoś przeniósł nas do wnętrza książki z bajkami. Najfajniejszy jest rynek – krzywy i pochyły, otoczony rzędami domków ze szpiczastymi dachami.

W jednym z budynków mieści się **Izba Muzealna im. prof. Antoniego Krajewskiego**. Można tu obejrzeć sprzęty codziennego użytku z XIX wieku i pamiątki szlacheckie. Warto także przyj-

Kartka z kalendarza

Czerwiec – Jarmark Świętojański połączony z kiermaszem artystycznych wyrobów rzeźbiarzy, garncarzy i malarzy. Są także występy zespołów ludowych.
Grudzień – Anielski Jarmark, ponadto wystawy, konkursy i tańce – wszystko związane z aniołami.

Drewniane domy na rynku w Lanckoronie

TARNÓW – CYGANIE I POMNIK PRZYSTANKU

Kamienice w Tarnowie

Średniowieczny Tarnów był kiedyś jednym z najważniejszych polskich miast. Wznoszono tu wspaniałe domy i świątynie, ratusz do dziś należy do najpiękniejszych budowli tego typu w kraju. Ma zresztą także inny powód do chluby: na jego wieży znajduje się najstarszy działający w Polsce **zegar ratuszowy**, który odmierza czas od ponad 500 lat! W budynku mieści się też muzeum. Można w nim obejrzeć ciekawe portrety z XVII wieku, porcelanę, dawną broń i wystawę poświęconą generałowi Józefowi Bemowi (dzieciaki na ogół wychodzą jednak stamtąd znudzone). Tuż obok rynku, przy placu Katedralnym, stoi **katedra Narodzenia Najświętszej Marii Panny**. Warto do niej zajrzeć. Uliczka na jej tyłach kryje najstarsze domy w mieście – mają 500-600 lat!

Tarnowski rynek jest pochyły – zbudowano go tak dlatego, by szybciej spływały z niego strugi deszczu. Musisz go koniecznie obejść dokoła i urządzić konkurs na najładniejszą kamieniczkę. Większość z nich ma **podcienia**, którymi można spacerować jak w tunelach, a nawet bawić się w chowanego!

JESTEŚ O KROK

• **Muzeum Etnograficzne** – w 300-letnim zajeździe mieści się jedyna w Polsce i w Europie wystawa poświęcona Cyganom – ich życiu, obyczajom, podróżom, taborom, historii i kulturze.

www.muzeum.tarnow.pl

• **Ulica Wałowa** – znajduje się nieopodal katedry, warto na nią zajrzeć ze względu na dwa nietypowe pomniki. Pierwszy to **ławeczka poetów**, na której siedzą Agnieszka Osiecka, Jan Brzechwa i Zbigniew Herbert. Można przysiąść obok nich i zrobić sobie pamiątkowe zdjęcie. Tuż obok jest **pomnik… przystanku tramwajowego**. To nie żarty. Tarnowianom tak brakuje tramwajów, które przed wojną toczyły się ul. Wałową, że postanowili uczcić je pomnikiem.

• **Góra św. Marcina** – są tu niezbyt ciekawe ruiny zamku. Za to widok z góry jest niesamowity.

Posłuchaj Karoliny
Wielu rodziców tak zachwyca się Tarnowem, że zastanawia się nad przeprowadzką do niego. Przed wyjazdem przypomnij rodzicom, że lubisz swój dom i szkołę, i nie chcesz zmieniać adresu zamieszkania.

POZNAŃ – KOZIOŁKI I BAMBERKA

POZNAŃ

sam miłościwie panujący król Zygmunt August. Dla dostojnych gości szykowano wspaniałe potrawy. I właśnie wtedy dworski kucharz spalił miodową pieczeń. Przerażony, pobiegł na rynek szukać czegoś, co nadałoby się na potrawę. Kiedy zobaczył dwa koziołki, które chyba chciały poznać szeroki świat, bo z wioski same przywędrowały do poznańskiego grodu, złapał je i zaciągnął do ratusza, by zrobić z nich pieczeń.

Poznański Stary Rynek słynie z koziołków. Nie, nie biegają wokół rynku. Aby je zobaczyć, trzeba stanąć przed ratuszem i wysoko zadrzeć głowę. Kiedy ozdobny i bardzo stary zegar wybija południe, z drzwiczek umieszczonych obok tarczy wyłaniają się dwa koziołki. Biegną ku sobie i trykają się rogami w rytm uderzeń kuranta.

Uwaga, legenda!

Z tymi koziołkami to naprawdę magiczna historia. Otóż 460 lat temu mistrz Bartłomiej Wolff zbudował dla Poznania piękny zegar i zamontował go na wieży ratuszowej, by mieszkańcy zawsze wiedzieli, która jest godzina. Jego odsłonięcie miało być ważną uroczystością – do grodu przybył

Ratusz w Poznaniu

Jednak zwierzęta domyśliły się, że choć zostały zaproszone na kolację, to raczej jej nie zjedzą, tylko same trafią na talerze. Rzuciły się więc do ucieczki, po schodach, wprost na wieżę. Tymczasem mistrz Bartłomiej uruchomił zegar, by król, wojewoda i burmistrz mogli przyjrzeć się, jak pięknie działa. Kiedy kurant wybił: bim-bam, na galeryjkę wbiegły koziołki i zaczęły się trykać rogami. Mistrz Bartłomiej pomyślał, że na pewno zetną mu za to głowę. Ale król, wojewoda i burmistrz, a z nimi wszyscy mieszczanie… popłakali się ze śmiechu. Wojewoda wezwał przed swe oblicze Bartłomieja i rozkazał, by koniecznie dorobił do mechanizmu takie koziołki, tylko z metalu, żeby nie więzić na wieży żywych stworzeń. Polecenie zostało spełnione i od tej pory koziołki codziennie trykają się rogami. Poznaniacy nadali im nawet imiona: Pyrek i Tyrek.

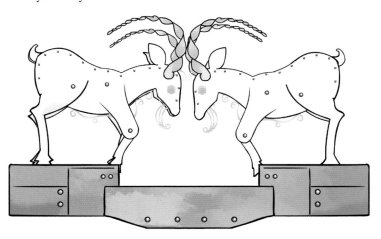

Kartka z kalendarza

Czerwiec – Jarmark Świętojański.
Sierpień – Święto Bamberskie na Starym Rynku. Koniecznie spróbuj wtedy rumpucia. Dobre są też pyry z gzikiem i szneki z glancem. Co to takiego? Przyjedź, to się dowiesz!
11 listopada – święto ul. Święty Marcin i w ogóle całego Poznania. Nie zapomnij zjeść pysznego świętomarcińskiego rogala!

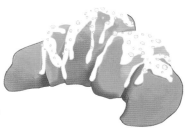

Uwaga, atrakcja!

W samym środku rynku, pomiędzy ratuszem a budynkiem Wagi Miejskiej, poszukaj **Bamberki**. Służyła za poidło dla koni i psów, ze studni czerpali wodę także ubodzy poznaniacy. Figurę pięknie ubranej dziewczyny z dzbanami zawieszonymi na nosidle odsłonięto przed stu laty. A kto to taki ta Bamberka? Bambrzy byli przybyszami z Bawarii, których zaproszono ponad 300 lat temu, by osiedlili się w Poznaniu i jego okolicach. Niektórzy ich potomkowie do dziś noszą od święta tradycyjne stroje ludowe. Można je obejrzeć w Muzeum Bambrów Poznańskich. **www.bambrzy.poznan.pl**

JESTEŚ O KROK

• **Wielkopolskie Muzeum Wojskowe** – znajdziesz tu wszystkie typy broni od czasów prehistorycznych po współczesne.

Wielkopolskie Muzeum Wojskowe, Stary Rynek 9, Poznań, tel. 61 852 67 39. Aktualne godziny otwarcia sprawdź na stronie: www.mnp.art.pl

• **Muzeum Instrumentów Muzycznych** – największy zbiór instrumentów ze wszystkich epok i miejsc na świecie.

Muzeum Instrumentów Muzycznych, Stary Rynek 45, Poznań, tel. 61 856 81 78. Aktualne godziny otwarcia sprawdź na stronie: www.mnp.art.pl

• **Kościół farny** – pięknie odrestaurowany zabytek z XVII wieku. Jedna z najpiękniejszych świątyń w Polsce. Bardzo cenne i niezwykłe są organy – liczą aż 2600 piszczałek, z których największe mają aż 5 m długości! W lecie w każdy czwartek o godz. 20 odbywają się tu koncerty organowe.

Kościół farny, ul. Gołębia 1, Poznań, www.fara.archpoznan.org.pl

• **Kościół oo. Franciszkanów** – podziemia skrywają ogromną makietę przedstawiającą Poznań sprzed 400 lat. Można tu obejrzeć prawie półgodzinny spektakl o historii miasta z efektami typu światło i dźwięk.

Kościół oo. Franciszkanów, ul. Franciszkańska 2, Poznań, podziemia od strony ul. Ludgardy, tel. 61 855 14 35; pokazy odbywają się co 45 min od godz. 9.30 do 19.15.

• **Malta** – to nazwa sztucznego jeziora, które znajduje się niemal w centrum Poznania. Latem można tu pływać kajakiem, żaglówką lub rowerem wodnym, a przez cały rok – śmigać na nartach z górki ze specjalną nawierzchnią. W pobliżu kursuje uwielbiana przez dzieciaki kolejka wąskotorowa, której trasa prowadzi od ronda Śródka do Nowego Zoo.

Kolejka Parkowa Maltanka, ul. Jana Pawła II, Poznań, tel. 61 877 26 12, w dni powszednie kursuje od 10 do 18 co godzinę, w weekendy i święta od 10 do 18.30 co pół godziny, www.mpk.poznan.pl/turystyka/maltanka

• **Most Biskupa Jordana** – pomiędzy Śródką a Ostrowem Tumskim. Przychodzą tu zakochani, by wyznać sobie miłość i przypiąć do mostu kłódkę z wyrytymi imionami, a klucz wrzucić do wody. To podobno niezawodny sposób na wieczną miłość.

PUŁTUSK – RYNEK WIELKOŚCI STADIONU

Przez to miasteczko leżące w połowie drogi pomiędzy Warszawą i Ostrołęką na ogół tylko się przejeżdża. Niewiele osób zbacza z głównej przelotowej drogi i podąża do starego centrum. A szkoda. Tutejszy rynek nie należy może do najpiękniejszych, ale za to do najdłuższych. Ma ponad 400 m długości! To oznacza, że jest dwa razy dłuższy od rynku w Krakowie. Najlepiej widać ten ogrom z tarasu na wieży ratuszowej lub kiedy stanie się na jednym z krańców tego niezwykłego placu.

Wieża ratuszowa: Muzeum Regionalne, Rynek 1, Pułtusk, tel. 23 692 51 32, czynne od wtorku do niedzieli w godz. 10-16.

 **www.muzeum.pultusk.pl**

Uwaga, atrakcja!

Pułtusk nazywany jest Wenecją Mazowsza. Dlaczego? Bo od otulającej go rzeki Narwi odchodzą liczne kanały przecinające miasteczko i oddzielające je od Starego Miasta. Dlatego Pułtusk można zwiedzać nie tylko pieszo czy rowerem, ale także siedząc w kajaku.

Kartka z kalendarza

Tydzień przed Wielkanocą – świąteczne spotkania ze sztuką kurpiowską, festyny i kiermasze.

Pierwsza sobota po Bożym Ciele – Wielki Jarmark Średniowieczny.

Lipiec – rekonstrukcja bitwy pod Pułtuskiem, stoczonej w grudniu 1806 roku przez wojska Napoleona Bonapartego i armię rosyjską (cesarz przez kilka dni nocował w Pułtusku!). Inscenizacja przyciąga tysiące widzów – nic dziwnego, skoro bierze w niej udział kilkuset aktorów odtwarzających obie armie, a huk wystrzałów karabinowych i armatnich niesie się po całej okolicy.

Ostatni weekend września – Dni Patrona Pułtuska św. Mateusza.

Widok na rynek w Pułtusku

KAZIMIERZ DOLNY – ZJADŁ TURYSTA KOGUTA...

KAZIMIERZ DOLNY ●

Czy jest tu coś fajnego?

Jest ryneczek. Taki zupełnie malutki. Pośrodku tkwi stara **studnia z wielkim kołowrotem**. W tym miejscu czerpano wodę już 600 lat temu. Nieco krzywy rynek opada od stóp Góry Trzech Krzyży ku Wiśle – u góry jest węższy, u dołu szerszy – zupełnie jakby budował go z klocków nieuważny dzieciak.

Oprócz studni trzeba też obejrzeć dwie niezwykłe **kamienice: Pod św. Mikołajem** i **Pod św. Krzysztofem**. Powstały ok. 1615 roku na zamówienie braci Przybyłów. Musieli oni hojnie wynagrodzić mistrzów od ozdabiania domów, bo na frontowych ścianach budowli nie ma wolnej przestrzeni! Wszędzie są bogate dekoracje, ornamenty, płaskorzeźby, motywy roślinne i zwierzęce. Święty Mikołaj patronujący pierwszej kamienicy dzierży w dłoni pastorał, a na głowie ma biskupią mitrę. Święty Krzysztof natomiast przenosi bezbronne Dzieciątko Jezus przez niebezpieczne bagna. Zabytkom warto się przyjrzeć, bo tak fantazyjne zdobienia należą do rzadkości.

Posłuchaj taty Karoliny i Karola
Oto kolejne miasteczko rodem z bajki. Chcesz znaleźć się w niezwykłym, baśniowym świecie? Przybywaj do Kazimierza Dolnego. Wybierz się tu jednak w środku tygodnia, ponieważ w weekendy i święta zadepcze cię tłum turystów. Wtedy zwiedzanie nie jest fajne. Szczególnie odradzamy przyjazd w długi weekend majowy. Najpierw murowane 2 godz. w korku w poszukiwaniu parkingu. Potem plątanie się w tłumie i stanie w kilometrowych kolejkach do restauracji, kawiarni oraz toalety. Na koniec 3 godz. w korku, żeby wyjechać. Niezbyt fajna perspektywa, prawda?

Kamienice braci Przybyłów

Kogut prosto z pieca

Jesteś w Kazimierzu? Nie ma rady, musisz zjeść koguta! Ale, oczywiście, nie żywego, tylko wypiekanego z ciasta. Takiego chrupiącego i pachnącego, że palce lizać. Aby go spróbować, zajrzyj do piekarni pana Cezarego Sarzyńskiego, mieszczącej się przy samym rynku. Wyrabia się tu i sprzedaje wielkie koguty oraz inne ulepione z ciasta zwierzęta. Takimi smakołykami łatwo się zapchać, warto więc mieć coś do picia. Jeden średni kogut wystarczy do napełnienia brzuchów czteroosobowej rodziny! Odradzamy jednak traktowanie tych łakoci jako trwałej pamiątki. Kazimierski kogut, jak każde pieczywo na świecie, zamieni się w suchar, a później we wstęp do bułki tartej…

JESTEŚ O KROK

- **Mały Rynek** – odbywają się tu jarmarki i kiermasze staroci.
- **Kościół farny** – z przepiękną amboną i wielkimi organami, na których często koncertują muzycy.
- **Ruiny zamku** – dojdziesz do nich krętą ul. Zamkową. Budowla została wzniesiona przez króla Kazimierza Wielkiego. Można wdrapać się po stromych schodach na szczyt prawie 20-metrowej baszty obronnej. Gdy pogoda jest idealna, a powietrze przejrzyste, widać z niej Góry Świętokrzyskie.
- **Góra Trzech Krzyży** – warto się tu przespacerować z zamkowych ruin, aby rzucić okiem na cały Kazimierz. Wygląda stąd jak malutkie piernikowe lukrowane miasteczko, zbudowane nie przez murarzy, ale przez cukierników. Jeśli masz jeszcze siłę w nogach, zejdź na dół i wyrusz ul. Lubelską do słynnego Korzeniowego Dołu.
- **Korzeniowy Dół** – to głęboki wąwóz, z którego ścian wystają i wiją się korzenie drzew. Okolica przypomina scenerię do najnowszego filmu o Harrym Potterze. Jednak uwaga – z rynku do Korzeniowego Dołu jest ok. 2 km (i tyle samo z powrotem). Na szczęście do samego wąwozu można podjechać samochodem.

A w pobliżu…

Naprzeciwko Kazimierza Dolnego, po drugiej stronie Wisły, piętrzą się pasiaste ruiny **zamku w Janowcu**. Można się tam dostać promem (przewozi także samochody). W zamku warto zajrzeć do… średniowiecznej toalety. Urządzono ją wewnątrz małego ganku wysuniętego poza mury obronne. Jak korzystano z takiej ubikacji? Wystarczyło usiąść i załatwić się jak ptaszek, a kupka leciała w powietrzu kilka metrów w dół, wprost do fosy. Taka toaleta nigdy się nie zatykała, ale lepiej było nie pływać pod nią łódką.

Święty Krzysztof z Dzieciątkiem Jezus

ZAMOŚĆ – SPRYTNY KANCLERZ PRZY SZWEDZKIM STOLE

ZAMOŚĆ

Na Rynku Wielkim każdy turysta przystaje, przeciera oczy, rozgląda się dokoła i mówi: „Rety, jak tu pięknie!". Nic dziwnego – to jeden z najwspanialszych XVI-wiecznych placów w Europie. Jest idealnie kwadratowy – ma wymiary 100×100 m. Wokół przycupnęły kolorowe kamie-

Uwaga, ciekawostka!

Od maja do września codziennie w samo południe trębacz odgrywa z ratuszowej wieży hejnał zamojski. Melodia grana jest jednak tylko na trzy strony świata, a nie tak jak w Krakowie – na cztery. Dlaczego? Wielki kanclerz koronny Jan Zamoyski, fundator miasta, obraził się na Kraków i rezydującego tam króla. I zakazał trąbienia w jego stronę. I tak już zostało.

niczki z podcieniami, po których można biegać i bawić się w chowanego. Warto też wdrapać się na 52 schody prowadzące do cukierkowego ratusza i popatrzeć na miasto z góry. Nie ma w nim jakichś niezwykłych atrakcji, ale rynek zachwyca swoją urodą.

Bitwa, stop! Przerwa na ucztę

Wiesz, skąd wziął się pomysł na „szwedzki stół", czyli taki, przy którym nie ma krzeseł, za to każdy podchodzi w dowolnym miejscu i nakłada na talerz, co chce? Po raz pierwszy przygotowano go w Zamościu w 1655 roku, podczas najazdu Szwedów na Polskę. Oblegali oni Zamość przez wiele miesięcy, ale nie mogli zdobyć potężnej twierdzy. Zużyli mnóstwo prochu i kul armatnich, przymierali już głodem, a kanclerz Jan Zamoyski patrzył na nich z murów miejskich i śmiał się w głos. Najeźdźcy wreszcie postanowili odstąpić od oblężenia, ale jeszcze chcieli uciec się do pewnego podstępu. Otóż szwedzki król Karol X Gustaw zaproponował Zamoyskiemu, by zjadł z nim w murach twierdzy pożegnalną kolację. Polak przejrzał jednak jego zamiary – wiedział, że gdyby władca Szwecji wraz ze świtą i strażą przyboczną wszedł do zamku, już by go dobrowolnie nie opuścił. W świat poszłaby wieść, że nieprzyjaciele zdobyli Zamość, bo przecież w nim ucztują.

Zamoyski wymyślił więc fortel. Zaprosił króla do wspólnego stołu, ale zarządził, że każdy będzie jeść oddzielnie: Polacy wewnątrz twierdzy, a Karol X Gustaw – za jej murami. Ustawiono długaśny stół sięgający od dziedzińca zamkowego do bramy oraz drugi – od bramy do obozu wroga. Kanclerz zakazał jednak rozstawiania ław i krzeseł za murami, więc Polacy ucztowali, siedząc, a Szwedzi – stojąc. I od tej pory jedzenie na stojąco nazywane jest szwedzkim stołem.

Szturm Twierdzy Zamość

Kartka z kalendarza

Czerwiec – Szturm Twierdzy Zamość. Imprezę organizuje Zamojskie Bractwo Rycerskie wraz z Muzeum Zamojskim.

To wspaniała inscenizacja obrony Zamościa przed Kozakami oraz podczas potopu szwedzkiego z XVII wieku. Walki toczą się w murach twierdzy, a także w parku miejskim.

Czerwiec – Wielki Kiermasz Sztuki. Na rynku rozkładają swoje kramy artyści ludowi, kolekcjonerzy oraz hobbyści. Można obejrzeć występy zespołów, pokazy dawnego rzemiosła, bicia monet, skosztować lokalnych przysmaków, a nawet zamówić swój portret!

JESTEŚ O KROK

• **Bastion VII** – można tu zobaczyć mury obronne oraz forty z otworami strzelniczymi.

Bastion VII, ul. Łukasińskiego 2, Zamość, tel. 84 627 07 48, zwiedzanie w godz. 9-19 tylko w grupach z przewodnikiem, turyści indywidualni wchodzą o godz. 10, 12, 14 i 16.

• **Wieża widokowa** – z balkonu XVIII-wiecznej dzwonnicy roztacza się piękna panorama Zamościa. Przy okazji warto obejrzeć z bliska jeden z największych w kraju dzwonów, nazwany na cześć kanclerza Zamoyskiego – Janem.

Wieża widokowa, ul. Kolegiacka 2, Zamość, czynne w godz. 10-16.

WROCŁAW – SZUKAJ KRASNOLUDKÓW!

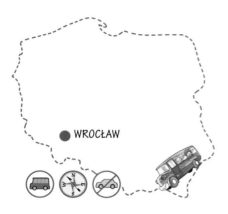

WROCŁAW

Uwaga, atrakcja!

Tego nie ma w żadnym innym mieście! Krasnoludki są na świecie! Mieszkają we Wrocławiu. Figlują po ulicach i wspinają się na latarnie. Nie wierzysz? Rozejrzyj się dokładnie. Od kilku lat artyści rzeźbiarze wykonują ich malutkie posążki i umieszczają je w różnych dziwnych miejscach Wrocławia. Krasnale siedzą cichutko przy sklepowych wystawach, u stóp pomników, na latarniach, w podcieniach kamienic… Nikt nie wie, ile ich jest, ale na pewno blisko setki! Najwięcej sympatycznych skrzatów można spotkać na Starym Rynku, przy ul. Teatralnej, ul. Bożego Ciała i przy ul. Swobodnej. Krasnale noszą różne imiona, np. Panna Pychotka, Słupnik, Pierożek, Leninek i Życzliwek.

Wrocławski rynek ma imponujące rozmiary: 205 m długości i 175 m szerokości. Ponieważ pośrodku stoi piękny duży ratusz oraz kilka kamienic, nie wydaje się ogromny. Niech cię to nie zmyli. To jeden z największych miejskich placów w Europie. Prowadzi do niego aż 11 ulic. Jest więc co oglądać! Wrocław od zawsze był bogatym miastem, stąd reprezentacyjne centrum musiało olśniewać przybyszów. Wzdłuż rynku wznoszą się kolorowe i bajecznie ozdobione kamienice, ratusz zaś można śmiało pomylić z zamkiem z baśni o Śpiącej Królewnie. Tuż obok szemrze woda w dziwacznej szklanej fontannie, przepięknie podświetlonej po zmroku, i stoi pręgierz z figurą kata, do którego przykuwano i chłostano przestępców. Dziś, na szczęście, nikt tego nie robi, za to wrocławianie uwielbiają umawiać się na spotkania w tym właśnie miejscu.

Nie wszystko na rynku jest wielkie – w jednym z jego narożników znajdują się dwie małe **kamieniczki Jaś** i **Małgosia** połączone fikuśną bramą. Kiedyś mieszkali w nich opiekunowie ołtarza w kościele św. Elżbiety. W trakcie zwiedzania trzeba bacznie patrzeć pod nogi, bo w każdej chwili można zobaczyć pierwszego krasnoludka!

Ratusz we Wrocławiu

JESTEŚ O KROK

• **Muzeum Przyrodnicze** – możesz tu obejrzeć eksponaty bardzo duże (szkielety wieloryba i słonia) oraz bardzo małe (pchłę pod mikroskopem). A ponadto: robale, owady, motyle, węże i krokodyle.

Muzeum Przyrodnicze, ul. Sienkiewicza 12, Wrocław, tel. 71 375 41 45, czynne od wtorku do piątku w godz. 9-15, sobota, niedziela 10-16.

• **Panorama Racławicka** – to jedyny obraz, do środka którego można wejść – ma bowiem 114 m długości, 15 m wysokości i wisi wewnątrz okrągłej sali, tak że jego końce łączą się ze sobą. Zwiedzający widzą nie tylko malowidło, ale sprytnie ustawione wewnątrz rekwizyty, dzięki czemu trudno się zorientować, gdzie kończy się obraz, a zaczyna rzeczywistość.

Panorama Racławicka, ul. Purkyniego 11, Wrocław, tel. 71 344 23 44, 71 343 36 39. Aktualne godziny otwarcia najlepiej sprawdzić w Internecie, www.panoramaraclawicka.pl

• **Ruchoma szopka** – w kaplicy kościoła Najświętszej Marii Panny na Piasku działa całoroczna ruchoma szopka z jeżdżącymi samochodzikami, tańczącymi laleczkami, świecącymi zabawkami itp. Dzieciaki są zachwycone, dorośli – tak sobie. Ale przecież to jest wycieczka dla najmłodszych!

Kościół NMP na Piasku, ul. św. Jadwigi, Wrocław, tel. 71 322 42 32, czynne w dni powszednie w godz. 10-18, w weekendy 12.30-18.

• **Most Tumski** (most Miłości) – łączy wyspę Piasek z Ostrowem Tumskim. Co w nim fajnego? Od pewnego czasu zakochani, podobnie jak na moście Biskupa Jordana w Poznaniu, przypinają do jego barierek kłódki z wyrytymi swoimi imionami, a kluczyk wrzucają do rzeki. Ma to wróżyć miłość na całe życie.

Polskie naj... naj... naj...

Zarządzamy przerwę w podróży. Najlepiej w jakimś nietypowym miejscu. A może rekordowym? Znalazłoby się kilka takich w Polsce. Jeśli trasa wycieczki będzie przebiegać nieopodal, warto zboczyć, by potem z dumą powiedzieć, że się w nich było. Rozpoczynamy przegląd polskich NAJ... czyli miejsc wyróżniających się z różnych powodów.

NAJGŁĘBSZE JEZIORO

Jezioro Hańcza

Na północ od Suwałk, w sercu Suwalskiego Parku Krajobrazo-wego, leży **jezioro Hańcza**. Jego wody są wyjątkowo przejrzyste, zaś dno w najgłębszym miejscu opada na ponad 106 m. Dlatego nurkowie bardzo lubią w nim trenować. Nurkowania w Hańczy nie polecamy, gdyż to zadanie wyłącznie dla zawodowców. Można za to podziwiać nadbrzeżne **głazowiska** piętrzące się nawet na wysokość 2 m.

NAJWYŻSZY WIADUKT KOLEJOWY

Dosłownie po sąsiedzku, kilka kilometrów na północny zachód od jeziora Hańcza, leży **wieś Stańczyki**. Słynie z dwóch potężnych kamiennych wiaduktów kolejowych, które wśród pól i lasów wyglądają jak budowle z bajki. Pociągi nie jeżdżą tędy od 1945 roku. Mosty wznoszą się na wysokość ponad 30 m. Miejsce to upodobali sobie paralotniarze, miłośnicy skoków na bungee oraz fotoamatorzy. Dziś wiadukty mają prywatnego właściciela, więc trzeba zapłacić za wstęp. Skoków na bungee już się tu oficjalnie nie uprawia, ale wspaniałe zdjęcia można zrobić o każdej porze roku.

Wiadukty kolejowe w Stańczykach

NAJWYŻSZY BUDYNEK

To oczywiście warszawski **Pałac Kultury i Nauki**. Razem z potężną iglicą mierzy 231 m. Taras widokowy znajduje się na 30. piętrze, na wysokości 114 m. W pogodne dni rozpościera się stamtąd malownicza panorama Warszawy i jej najbliższych okolic. Warto tu także zajść po zmroku, by napawać się widokiem rozświetlonego miasta. Szczęściarze, którzy wjadą tam podczas zmiennej pogody, mogą natrafić na burzę. To naprawdę niesamowite oglądać z tak wysoka pioruny atakujące stolicę. Spokojnie – nic ci nie grozi. Pałac Kultury i Nauki to jeden z największych piorunochronów w Polsce.

Pałac Kultury i Nauki w Warszawie

NAJDŁUŻSZY I PRAWIE NAJDŁUŻSZY DOM

O to, gdzie stoi najdłuższy budynek w Polsce, kłócą się: Warszawa, Gdańsk oraz Modlin.
W stolicy przy ul. Kijowskiej 11 znajduje się popularny „**długas**" albo „**jamnik**" – czteropiętrowy budynek. Ma długość 508 m, 430 mieszkań i biegnie pod nim przejazd łączący dwie ulice. Dłuższy od „jamnika" jest „**Pekin**", też w Warszawie, który oficjalnie nazywa się os. Przyczółek Grochowski. To 22 bloki mieszkalne połączone ze sobą i ustawione „wężykiem" pomiędzy ulicami: Ostrzycką, Motorową, Żymirskiego, Kwarcianą i Bracławską. Budynek liczy 1500 m, ale nie tworzy jednej linii, więc tego nie widać. Żyje w nim 7000 osób! Ten labi-

To elegancki murowany **kiosk z gazetami** na rogu ulic Freta i Długiej na Starym Mieście w Warszawie. Liczy 170 lat i kiedyś pełnił funkcję sklepu z tytoniem oraz zamorskimi cygarami. Zaskakujące? Mówisz, że kioski zwykle bywają małe? Tak, ale na ogół nie mają oficjalnych adresów ani ustanowionych ksiąg hipotecznych. A ten ma. Mieści się przy ul. Długiej 1.

„Falowiec" w Gdańsku

ryrnt otrzymał inny adres przy każdej z ulic, dlatego niektórzy dowodzą, że nie powinien być uznawany za jeden blok.
Pora na Gdańsk. Na os. Przymorze przy ul. Obrońców Wybrzeża znajduje się budynek zwany „**falowcem**". To dlatego, że jego elewacja wygina się pod różnymi kątami i wygląda, jakby falowała. Jego długość wynosi 860 m, a zamieszkuje go ponad 6000 lokatorów.
I wreszcie **Twierdza Modlin** leżąca 30 km na północ od Warszawy. Całkowita długość tego gmachu to ponad 2 km! Ale ponieważ nie mieszkają w nim ludzie, Warszawa z Gdańskiem uznają, że nie ma prawa startować w konkursie.

NAJMNIEJSZE MIASTO I NAJWIĘKSZA WIEŚ

Jadąc drogą nr 7 pomiędzy Grójcem a Radomiem, można w miejscowości Białobrzegi zjechać z trasy w kierunku na Końskie i odwiedzić **Wyśmierzyce**. To najmniejsze polskie miasto. Choć jest bardzo stare – ma ponad 700 lat – nie urosło! Mieszka tu jedynie 931 osób (dane z grudnia 2010 r.). Z kolei największej polskiej wsi trzeba poszukać na południu Polski, w okolicach Bielska-Białej. To wieś **Kozy**, w której żyje prawie 12 tysięcy osób.

Wał Miedzeszyński w Warszawie

NAJDŁUŻSZA I NAJKRÓTSZA ULICA

Pozostajemy w Warszawie. Najdłuższa polska ulica to **Wał Miedzeszyński** na prawym brzegu Wisły (14,5 km). Najkrótszą odnajdziemy zaś na Nowym Mieście – to **ul. Samborska**, która ma zaledwie 24 m.

NAJDŁUŻSZA WIEŚ

W Beskidach, u stóp Babiej Góry, leży **Zawoja** – wieś wybudowana niemal wyłącznie wzdłuż jednej ulicy. Ma aż 18 km. Nieopodal, w Gorcach, znajduje się **Ochotnica Dolna**, która rywalizuje z Zawoją o ten zaszczytny tytuł. Mieszkańcy Ochotnicy twierdzą, że długość ich wsi wynosi 24 km. Spór trwa, najlepiej więc wsiąść do auta lub wskoczyć na rower i sprawdzić samemu, kto ma rację.

NAJMNIEJSZA MIEJSCOWOŚĆ

TARNOWO PAŁUCKIE
LICHEŃ
LUBOSZÓW

Znasz *Dzieci z Bullerbyn* Astrid Lindgren? Bohaterowie mieszkali w wiosce składającej się z trzech domów. I tak przegrali-
by rywalizację z **Luboszowem**. Ta malutka osada zagubiona
w sercu Borów Dolnośląskich ma tylko jeden dom i dwoje
lokatorów. Nie licząc, oczywiście, pszczół w ulach. Rekord
nie do pobicia. Tak przy okazji, to najlepiej „stelefonizowana"
miejscowość w Polsce. Wszystkie domy (a więc ten jeden,
czyli 100%) mają założony telefon.

NAJSTARSZY DREWNIANY KOŚCIÓŁ

Posłuchaj Karambola

Naj, naj, naj... w to mi graj! Uwiel-
biam tropić takie miejsca, wyśledzę
każdą nietypową miejscowość, do-
trę do wszystkich zadziwiających
zakamarków... W końcu jestem
jamnikiem. Mam nos i GPS-a – jedno
i drugie zawsze przy sobie.
A teraz kolej na ciebie. Spróbuj wy-
szukać jakiś zwariowany rekord.
Może to być największy kościół, naj-
wyższy pomnik, najbardziej koloro-
wy dom, największa wystawa zabawek albo najwęższa ulica w Polsce.
Gdy go znajdziesz, zapisz w swoim
notatniku. Niech lista osobliwości
rozwija się z każdą twoją wyprawą!

Kościół św. Mikołaja w Tarnowie Pałuckim

To kościół św. Mikołaja. Aby go obejrzeć, trzeba pojechać do miejscowości **Tarnowo Pałuckie** niedaleko Wągrowca w Wielkopolsce. Zabytek pochodzi z drugiej połowy XIV wieku. W środku nie znajdziesz jednak śladów średniowiecza, ale wspaniałe **polichromie** (czyli obrazy malowane na ścianach
i suficie) z XVII stulecia. Przedstawiają świętych oraz sceny z Biblii, przez co kościół
ogląda się trochę jak wielki komiks. Fajnie, co?

NAJWIĘKSZY KOŚCIÓŁ

Największa świątynia w Polsce i ósma co do wielkości w Europie została wybudowana w Licheniu Starym, kilkanaście kilometrów na północ od Konina. Budynek poświęcono i konsekrowano w 2004 roku. **Bazylika licheńska** jednych zachwyca, innych przeraża swym ogromem. Ma 139 m długości i 77 m szerokości. Wnętrze może pomieścić 30 tysięcy osób, a plac – aż 250 tysięcy! Świątynia ma tyle okien, ile jest dni w roku – 365, a do środka prowadzi tyle drzwi, ile rok ma tygodni, czyli 52. Na szczycie prawie 142-metrowej wieży są tarasy widokowe – górny na wysokości 130 m i dolny na wysokości 120 m (to wyżej niż taras w Pałacu Kultury i Nauki w Warszawie!). Roztacza się z nich widok na odległość 30 km. Aha, dzwon zawieszony na dzwonnicy, największy w Polsce, waży prawie 15 ton.

Pozdrowienia z lochów przesyłają nietoperze!

Uwaga, za chwilę zejdziemy pod ziemię, i to dosłownie. Zwiedzimy lochy, podziemne bunkry, ciemne i wilgotne królestwa nietoperzy oraz przepastne kopalnie. Karambol juz jest obrazony, bo do tych miejsc zwierzętom nie wolno wchodzić. Lepiej tez nie wybierać się tam z turystami, którzy nie mają przynajmniej 5-6 lat, bo mogą się wystraszyć! Ale ty, dzielny podróżniku, 6 lat zapewne juz skończyłeś. Tak więc latarka w dłoń, ciepła kurtka na grzbiet, czapka na głowę, a jak trzeba, to i kask! Zwiedzimy teraz kawałek Polski od dołu.

PODZIEMNE SPOTKANIA Z NATURĄ: JASKINIE

CHĘCINY
KLETNO
JERZMANOWICE

Jerzmanowice: Jaskinia Nietoperzowa

Jeśli chcesz zwiedzić miejsce dziwne, straszne i niesamowite, ta jaskinia będzie w sam raz. Po pierwsze – nasi przodkowie mieszkali w niej już 38 tysięcy lat temu, czyli w czasach mrocznych i owianych tajemnicą (słynne

Zamek w Pieskowej Skale

egipskie piramidy mają zaledwie 4600 lat, więc Egipcjanie nam nie zaimponowali!). Po drugie – polowali na niedźwiedzie jaskiniowe oraz inne zwierzęta, a z ich futer robili ubrania. Znaleziono tu ponad 4000 kłów niedźwiedzia jaskiniowego, a także kości hieny jaskiniowej, lwa jaskiniowego, mamuta, nosorożca włochatego i renifera. Po trzecie – w Jaskini Nietoperzowej od tysięcy lat żyją nietoperze. Żyją, zimują i zostawiają… kupy. Ich odchodów nagromadziło się tyle, że już 300 lat temu wybierano je wiadrami, aby nawozić nimi pola. W XIX wieku robiono to na skalę przemysłową, co negatywnie wpłynęło na stan jaskini.

JESTEŚ O KROK

• **Jaskinia Łokietka** – według legendy ukrywał się w niej polski król Władysław Łokietek ścigany przez czeskiego władcę Wacława II. Główne wejście zasnuwała pajęczyna, dlatego tropiący króla rycerze nie przypuszczali, by ktoś był w środku. Krata zamykająca dziś wejście powtarza motyw pajęczyny.

Jaskinia Łokietka na Chełmowej Górze, czynne codziennie od 24 kwietnia do 31 października w godz. 9-15.30 (kwiecień), 9-18.30 (od maja do sierpnia), 9-17.30 (wrzesień), 9-16.30 (październik), zwiedzanie wyłącznie z przewodnikiem, www.grotalokietka.pl

• **Pieskowa Skała** – zamek obronny z XIV wieku, osadzony na wysokiej skale. Niezwykłe widoki, ciekawe historie, eleganckie zamkowe ogrody i muzeum pełne zabytków.

Muzeum w Pieskowej Skale, tel. 12 389 60 04, dojazd drogą nr 773 Kraków – Katowice. Godziny otwarcia i zasady zwiedzania sprawdź w Internecie, www.pieskowaskala.pl

• **Ojców** – piękne ruiny zamku obronnego sprzed 700 lat. Roztacza się stąd wspaniały widok na dolinę Prądnika.

Ruiny Zamku Kazimierzowskiego w Ojcowie, zwiedzanie od 10 kwietnia do 31 października w godz. 10-16.45 (od kwietnia do maja), 10-17.45 (od czerwca do sierpnia), 10-16.45 (wrzesień), 10-15.45 (październik), w niedziele i święta czas otwarcia wydłuża się o godzinę, www.ojcow.pl

---

Informacje praktyczne

Dojazd do jaskini: z trasy Kraków – Olkusz trzeba zjechać w miejscu, gdzie znajduje się jej reklama, czyli na wschodnim krańcu Jerzmanowic. Jaskinia Nietoperzowa ma 306 m długości i jest jedną z największych odkrytych na Jurze Krakowsko-Częstochowskiej. W środku panuje temperatura ok. 7-9°C, więc trzeba się odpowiednio ubrać.

Jaskinia Nietoperzowa, Jerzmanowice, gmina Przeginia, przy drodze nr 94 Kraków – Olkusz, tel. 12 389 53 95, zwiedzanie tylko z przewodnikiem od 1 kwietnia do 30 września w godz. 9-18, od 1 października do 11 listopada 9-16.

 www.nietoperzowa.ojcow.pl

Uwaga, atrakcja!
Dziś Jaskinia Nietoperzowa przyciąga turystów, ale już od epoki neolitu (4500 lat p.n.e.) do średniowiecza (700 lat temu) mieszkali w niej ludzie. Świadczą o tym prowadzone w tym miejscu wykopaliska, podczas których archeolodzy znajdują przedmioty i broń z tamtych czasów.

Chęciny: jaskinia Raj

To prawdziwy raj dla wielbicieli jaskiń i badaczy przeszłości geologicznej Ziemi! Miejsce to odkryto bardzo późno, bo w 1963 roku, zaś zwiedzającym udostępniono dopiero w 1972. Nikt nie zdążył go zniszczyć, oderwać na pamiątkę kamiennych **stalaktytów** czy okopcić skał pochodniami (jak się to stało np. w Jaskini Łokietka). To jedna z najpiękniejszych grot w skali Europy.

Oprócz wspaniałych skalnych nacieków na dnie, stropie i na ścianach, atrakcją są znaleziska archeologiczne, które można obejrzeć w muzeum – szczątki prehistorycznych zwierząt oraz pozostałości narzędzi i broni jaskiniowców.

Informacje praktyczne

Jaskinia Raj położona jest ok. 10 km za Kielcami, w kierunku Krakowa – wyjazd z Kielc ul. Krakowską, a potem drogą nr 762. Skręt do jaskini w okolicy miejscowości Zgórsko. Trasa turystyczna ma 180 m długości, a zwiedzanie (tylko z przewodnikiem) trwa ok. 45 min (minimum 15 osób w grupie) i najlepiej zarezerwować je wcześniej. Temperatura

Jaskinia Raj

wewnątrz wynosi maksymalnie 9°C. Panuje tu wysoka wilgotność powietrza, dlatego najlepiej ubrać nieprzemakalne buty i kurtkę.

Jaskinia Raj, ul. Dobrzaczka, Chęciny, rezerwacja dla turystów indywidualnych i grup zorganizowanych, tel. 41 346 55 18. Aktualne godziny zwiedzania najlepiej sprawdzić na stronie internetowej.

 www.jaskiniaraj.pl

Kletno: Jaskinia Niedźwiedzia

Odkryto ją w 1966 roku. Zachwyca turystów bogactwem i urodą form naciekowych, czyli stalaktytami, **stalagmitami** i **stalagnatami**, a mówiąc prościej, skalnymi zwisami i rzeźbami, które tworzyły się pod ziemią przez miliony lat. Zafascynowani są też badacze dawnej przyrody, ponieważ znajdują tu kości zwierząt wymarłych przed kilkunastoma tysiącami lat. Jaskinia Niedźwiedzia jest jedną z najdłuższych w Polsce – wszystkie korytarze mają w sumie ponad 3500 m. Samą jaskinię oraz okolicę wokół niej chroni prawo – to rezerwat przyrody! Nie wolno więc niczego zrywać, zabierać czy niszczyć.

Informacje praktyczne

Jaskinia Niedźwiedzia leży w Masywie Śnieżnika Kłodzkiego, w dolinie rzeki Kleśnicy w Sudetach. Aby ją zwiedzić, należy wcześniej zarezerwować bilety, gdyż ich liczba jest ograniczona. Z parkingu idzie się do niej 30-40 min. Warto to uwzględnić w planach podróży, by zamówione i nieodebrane z kasy bilety nie przepadły!

Jaskinia Niedźwiedzia

Można też wynająć bryczkę lub meleks. Zwiedzanie trwa ok. 45 min, trasa ma ok. 360 m długości. Różnica poziomów pomiędzy jej poszczególnymi częściami to 60 m. Temperatura wewnątrz jaskini nie przekracza 6°C, a wilgotność powietrza wynosi 100%. Lepiej więc zaopatrzyć się w nieprzemakalne buty i kurtkę. Uwaga! To pierwsza jaskinia w Polsce **dostępna dla osób niepełnosprawnych**.

Zakład Usług Turystycznych „Jaskinia Niedźwiedzia", Kletno 18, Stronie Śląskie. Wstęp tylko po uprzedniej rezerwacji telefonicznej: tel. 74 814 12 50, lub mailowej: rezerwacja@jaskinia.pl. Aktualne godziny zwiedzania najlepiej sprawdzić na stronie internetowej.

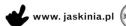

JESTEŚ O KROK

• **Kletno, sztolnia nr 18** – podziemna trasa turystyczna w nieczynnej kopalni uranu, w północnym zboczu góry Żmijowiec (wejście od drogi z Kletna do Siennej). Kiedyś było tu 37 km chodników, teraz turyści mogą zwiedzić ok. 200-metrową trasę, obejrzeć stare mapy i narzędzia górnicze. Ściany kopalni są kolorowe dzięki różnym minerałom tworzącym tutejsze skały. Temperatura w podziemiach wynosi 7°C. Czas zwiedzania 35 min.

Stara Kopalnia Uranu w Kletnie, ul. Łokietka 5, Lubin, tel. 601 889 243, czynne w godz. 9-17, www.kletno.pl

• **Międzygórze** – najwyżej położone w Polsce sanktuarium, czyli miejsce uznawane za święte. Jego patronką jest Matka Boża Śnieżna (jej figurka to kopia słynącej z cudów figury Matki Bożej z Mariazell w Austrii, patronki tego górzystego kraju). Sanktuarium znajduje się na stoku góry Igliczna w Masywie Śnieżnika, na wysokości 847 m n.p.m. Prowadzą do niego piesze szlaki turystyczne z Międzygórza, Bystrzycy Kłodzkiej, Długopola-Zdroju i Stronia Śląskiego.

www.mariasniezna.pl

• **Trójmorski Wierch koło Jodłowa** – z tego szczytu o wysokości 1145 m n.p.m. deszcze spływają w trzy strony świata i do trzech mórz, bo aż trzy rzeki biorą stąd swój początek.

PODZIEMNE SPOTKANIA Z WOJNĄ: SCHRONY I BUNKRY

Panzerwerki w MRU

SZCZECIN

KAŁAWA
PNIEWO

WALIM
OSÓWKA

Kaława – Pniewo: ani MRU-MRU, bo wystraszysz nietoperze

MRU to skrót nazwy Międzyrzeckiego Rejonu Umocnionego, znajdującego się pomiędzy Wartą a Odrą, w rejonie Międzyrzecza, Kaławy, Pniewa, Nietoperka i Boryszyna. To właśnie tu, na ówczesnym pograniczu niemiecko-polskim, Niemcy wybudowali tuż przed II wojną światową oraz podczas jej trwania potężne umocnienia i podziemne bunkry. Ciągną się na przestrzeni ponad 30 km na głębokości 30 m. Obronne fortyfikacje do niczego się jednak nie przydały, ponieważ w 1945 roku, kiedy Rosjanie i Polacy szli tędy w kierunku Berlina, hitlerowskiej armii brakowało ludzi, aby je obsadzić. W ten sposób podziemne instalacje, większe niż warszawskie metro, pozostały do dziś prawie nienaruszone, bo nikt ich nie bronił. Ślady po pociskach na pancernych kopułach pochodzą z czasów powojennych – artylerzyści trenowali na nich celność.

Posłuchaj Karola

Co tu kryć – MRU to chyba najfajniejsze miejsce na świecie. Podczas zwiedzania Pętli Boryszyńskiej obejrzałem podziemne stacje kolejowe i magazyny, w których zmieściłaby się niejedna szkoła. Nietoperze latały między naszymi głowami, a Karolina tak się bała, że chciała wracać.

Posłuchaj Karoliny

No wiesz! Jak możesz tak kłamać? Bałam się tylko na początku, dopóki przewodnik nie wytłumaczył nam, że nietoperze mają własny naturalny radar i „słyszą" w ciemności wszystkie przeszkody, a więc nas także. Nie zdarzyło się jeszcze, by ten jedyny latający ssak na kogoś wpadł, no chyba że akurat słuchał muzyki z iPhone'a. A czy widział ktoś kiedyś nietoperza lecącego w słuchawkach? No właśnie!

Będąc w MRU, koniecznie wybierz się na trzy trasy.

• **Pętla Boryszyńska** – kilkusetmetrowa trasa podziemnego węzła kolejowego i magazynów wojskowych. A przy okazji prawdziwe miasto nietoperzy.

• **Kaława** – kilkukilometrowa trasa obejmuje zwiedzanie podziemnych magazynów, bunkrów, koszar, ulic, tuneli z torami kolejowymi oraz tajemniczych, zalanych wodą szybów biegnących w dół. Część tuneli prowadzi do obiektów obronnych na powierzchni ziemi – wielkich bunkrów i pancernych kopuł artyleryjskich. W podziemiach MRU każdy zrozumie, co znaczą egipskie ciemności. Gdy przewodnik prosi w pewnym momencie, by wszyscy wyłączyli latarki, to nie widać ręki przytkniętej do własnego nosa! Na powierzchni ziemi można obejrzeć trochę wojskowego sprzętu z demobilu oraz **zęby smoka**, czyli szeroką na kilka i długą na kilkaset metrów zaporę przeciwczołgową. Została tak skonstruowana, że każdy czołg po najechaniu na nią zawisłby na betonowych słupkach, bezradnie mieląc gąsienicami w miejscu.

• **Pętla Nietoperska** – spore bunkry na powierzchni i wielkie magazyny pod ziemią. Niemcy przygotowywali tu składnicę amunicji dla baterii pancernej.

Miasto nietoperzy

Podziemia MRU są ukochanym miejscem nietoperzy, które przylatują tu na zimowisko ze środkowej Europy. Niektóre z nich przemierzają nawet 300 km. Zimą śpi tu ponad 30 tysięcy tych ssaków z 12 gatunków. Latem można je także spotkać podczas dziennego zwiedzania podziemi. Ale pamiętaj – to rezerwat! Nietoperzy nie wolno straszyć, dotykać ani budzić. W Pniewie i Kaławie znajdują się lokalne muzea im poświęcone oraz minizoo, w którym obejrzysz je na żywo. Atrakcją jest mała kolonia nietoperzy wampirów, karmionych krwią zwierzęcą.

Informacje praktyczne

Zwiedzanie podziemi Międzyrzeckiego Rejonu Umocnionego wymaga przygotowania: trzeba zaopatrzyć się w latarki i zapasowe baterie, nieprzemakalne kurtki i nakrycia głowy (niektórzy przywożą plastikowe kaski budowlane, i to wcale nie jest zły pomysł) oraz nieprzemakalne buty – najlepiej trekkingowe albo kalosze. Lepiej zrezygnować z jasnych i białych ubrań – wybrudzą się niemiłosiernie! Ważne, by były ciepłe, bo nawet w upalne dni w podziemiach panuje temperatura ok. 8°C.

Międzyrzecki Rejon Umocniony, podziemne trasy, Pniewo 1, tel. 95 741 99 99. Aktualne godziny zwiedzania i szczegółowe informacje znajdują się na stronie internetowej.

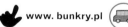 **www. bunkry.pl**

Uwaga, atrakcja!

Łowcy sensacji opowiadają setki niezwykłych historii o tym, co może się znajdować w nieodkrytych jeszcze podziemiach MRU. Krążą opowieści o skarbach, jakie wywieźli stąd Rosjanie, o pociągach z cennymi rzeczami, tajnej broni, latających spodkach, Bursztynowej Komnacie, zamurowanych w podziemiach oddziałach karnych... Słowem: co tylko komu przyjdzie do głowy. Ponieważ jednak w każdej historyjce może tkwić ziarno prawdy, w tym miejscu na pewno warto ich wysłuchać.

JESTEŚ O KROK

- **Świerkocin** – zob. s. 42-43.
- **Łagów** – urocze miasteczko położone nad dwoma jeziorami. Góruje nad nim wieża XIV-wiecznego zamku joannitów. Odbywają się tu letnie festiwale filmowe. To wymarzona baza wypadowa, jeśli ktoś chce zostać na dłużej, by zwiedzić okolicę.

www.lagow.pl, www.zamek-lagow.pl

- **Kostrzyn nad Odrą** – w 1945 roku było tu piękne stare miasto otoczone 400-letnimi fortyfikacjami. W czasie II wojny światowej Niemcy zmienili Kostrzyn w twierdzę broniącą drogi na Berlin, a radziecka artyleria i bombowce obróciły miasto w pył i gruz. Starówki nie odbudowano. Dziś można przejść się widmowymi ulicami wśród ruin porośniętych chwastami. Jedyny taki widok na świecie. Zachowała się natomiast część potężnej twierdzy z murami, bramami oraz fortami.

- Muzeum Twierdzy Kostrzyn, biuro: ul. Graniczna 1, Kostrzyn nad Odrą, tel. 95 752 23 60, czynne: w poniedziałek w godz. 8-16, od wtorku do piątku 7.30-15.30, www.muzeum.kostrzyn.pl

- Brama Berlińska – punkt informacji turystycznej, czynny od wtorku do piątku w godz. 9-16, w weekendy 10-16.

Podziemny tunel w kompleksie Osówka

Osówka: miasto wykute w górze

Kryptonim „Riese", czyli „Olbrzym" – tak Niemcy nazwali ogromny kompleks schronów, tuneli, magazynów i bunkrów, który wykuto w Górach Sowich pod koniec II wojny światowej. Wielu jeńców i więźniów obozów koncentracyjnych, którzy budowali podziemne miasto, zmarło podczas prac z wycieńczenia. To miejsce ma więc smutną historię.

Pod ziemią poprowadzono co najmniej 23 km tuneli, magazynów, hal fabrycznych, przejść oraz pomieszczeń, których przeznaczenia chyba nigdy nie poznamy, bo zostały zalane lub zamurowane i zamaskowane. Do dziś tropią je łowcy skarbów, poszukiwacze sensacji oraz agenci wywiadów

wojskowych. Kompleks miał być odporny na bombardowania i gdyby wojna potrwała jeszcze kilka lat, Niemcy zapewne umieściliby tu swoje najważniejsze fabryki.

Informacje praktyczne

Trasa turystyczna ma 1,7 km długości. Reszta podziemnego miasta ze względów bezpieczeństwa jest zamknięta dla zwiedzających. W drogę rusza się w kaskach na głowach, w grupach prowadzonych przez przewodnika. Pokonanie całego traktu zajmuje mniej więcej godzinę. Uwaga! Osówka oferuje też trasy dłuższe, trudniejsze do przejścia. Tu jednak trzeba zarezerwować wcześniej miejsce. Zwiedzanie ekstremalne obejmuje chodzenie po moście linowym i pływanie łódką pod ziemią. Radzimy zacząć od odwiedzenia strony internetowej Osówki. Grupy dziecięce często straszy w podziemiach duch Gacoperz. Maluchy mogą się na to złapać, ale podróżnicy powyżej 6. roku życia będą pękać ze śmiechu. We wnętrzu panuje temperatura 6°C, więc trzeba się ciepło ubrać.

Kompleks Osówka, ul. Grunwaldzka 20, Głuszyca, tel. 74 845 62 20, czynne od kwietnia do października w godz. 10-18, od listopada do marca 10-16. Aktualne godziny zwiedzania dostępne są na stronie internetowej.

www.osowka.pl

Sztolnie Walimskie

W okolicy Walimia w skałach i zboczach gór wykuto na rozkaz Niemców setki metrów korytarzy, tuneli i magazynów. Do dziś odkryto i opisano ponad 500 m takich wyrobisk. Walimskie podziemia stanowią część kompleksu „Olbrzym", o którym była mowa przy Osówce. Z Walimia drogowskazy prowadzą wprost ku Muzeum Sztolni Walimskich, ale w sezonie wakacyjnym lepiej zostawić auto gdzieś po drodze, gdyż są trudności ze znalezieniem miejsca na parkingu.

Mimo że sporo tajemnic II wojny światowej zostało już rozwikłanych, nadal nie wiadomo, czemu miały służyć potężne labirynty Walimia. Historycy i badacze twierdzą, że połowy istniejących podziemi jeszcze nie odkryto! Dlatego zwiedzając sztolnie, usłyszysz wiele fantasycznych historii. Warto pamiętać, że praktycznie nikt spośród drążących je robotników nie przeżył wojny. Najnowsze instalacje multimedialne sugestywnie przypominają o tym turystom.

Sztolnie Walimskie

Informacje praktyczne

W Walimiu na wycieczkowiczów czeka trasa turystyczna, do zwiedzania z przewodnikiem. Prowadzi przez trzy sztolnie, podziemną wartownię, hale fabryczne i zalane korytarze. Warto wiedzieć, że wymaga to sprawności fizycznej – przechodzi się m.in. przez mosty linowe. Niektóre odcinki pokonuje się łodzią. Zwiedzanie trwa ok. 45 min. Temperatura pod ziemią wynosi 5-7°C, trzeba więc zabrać ciepłą odzież.

Muzeum Sztolni Walimskich, ul. 3 Maja 26, Walim, tel. 74 845 73 00, czynne od maja do września od poniedziałku do piątku w godz. 9-19, w weekendy i święta 9-20, od października do kwietnia od poniedziałku do piątku 9-17, w weekendy i święta 9-18. Ostatnie zejście do sztolni na godzinę przed zamknięciem.

 www.sztolnie.pl

Połowa czerwca – w Srebrnej Górze odbywa się Święto Twierdzy. Grupy rekonstrukcyjne (czyli takie, które wiernie naśladują umundurowanie i uzbrojenie wojsk z dawnych czasów) odgrywają wtedy przebieg zaciekłych bitew, jakie się tu niegdyś toczyły. Jest na co popatrzeć, zwłaszcza że salwy z muszkietów padają jedna za drugą, a dym prochowy zasnuwa stare mury i dziedziniec.

Salwy z muszkietów podczas Święta Twierdzy w Srebrnej Górze

• **Złoty Stok** – kopalnia złota. Nieczynna, ale wciąż tajemnicza. Kryje nie tylko autentyczne korytarze górnicze, ale w dodatku jedyny w Polsce i jeden z nielicznych w Europie podziemny wodospad o wysokości 10 m. Zwiedzanie z przewodnikiem trwa 1,5 godz. Część chodników pokonuje się łódką. Dla wycieczek organizuje się też strzelanie z łuku i bicie pamiątkowych dukatów.

Kopalnia Złota, ul. Złota 7, Złoty Stok, tel. 74 817 55 08, czynne codziennie od 1 kwietnia do 31 października w godz. 9-18, od 1 listopada do 31 marca 9-16, www.kopalniazlota.pl

• **Srebrna Góra** – największa w Europie górska twierdza zbudowana w 1777 roku, nigdy niezdobyta w walce. Można zwiedzać jej potężne forty, mury, kazamaty i strzelnice. W programie liczne atrakcje, zwłaszcza dla wycieczek szkolnych i grup zorganizowanych.

Forteczny Park Kulturowy Sp. z o.o., ul. Letnia 10, Srebrna Góra, tel. 74 818 00 99, czynne codziennie od kwietnia do października w godz. 10-18, od listopada do marca 10-16. Zwiedzanie wyłącznie z przewodnikiem, ostatnia grupa wchodzi na godzinę przed zamknięciem twierdzy, www.forty.pl

Garaż na pociąg Adolfa Hitlera

W Stępinie-Cieszynie koło Krosna, na skraju lasu, stoi tunel schronowy długości 393 m, otoczony kilkoma mniejszymi schronami. Zbudowali go Niemcy w latach 1940-1941, aby ukryć w środku pociąg Adolfa Hitlera. Wódz III Rzeszy miał się tu bowiem spotkać z włoskim przywódcą Mussolinim, by wspólnie dokonać przeglądu wojsk niemieckich i włoskich przed atakiem na Związek Radziecki. Ogromny kompleks bunkrów powstał więc do jednorazowego użytku! Dla turystów jest dostępny przez cały rok. Latem odbywają się tu zloty miłośników militariów.

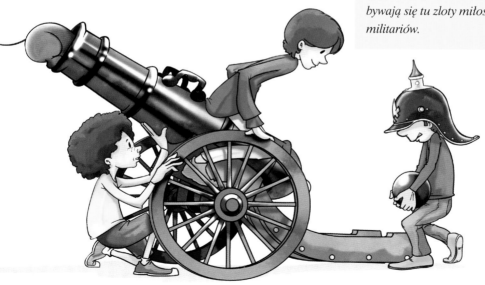

Trasa „II Wojna Światowa" w Szczecinie

Szczecin: schrony pod miastem

Pod Szczecinem ciągnie się wielokilometrowa sieć przejść, schronów, bunkrów, podziemnych korytarzy, a nawet podobno całych ulic. Większość została tuż po zakończeniu II wojny światowej zawalona gruzem, wysadzona w powietrze lub zalana wodą, ponieważ znajdowali tam kryjówki niemieccy dywersanci oraz zwyczajni bandyci. Do dziś więc nie wiemy, jakie tajemnice i skarby mogą nadal znajdować się kilkanaście metrów pod miastem. Na szczęście część bunkrów ocalała i można je zwiedzać, pokonując 1,5-kilometrową trasę turystyczną.

• **Trasa „II Wojna Światowa"** – przybliża życie ludzi w schronach podczas nalotów bombowych, technikę budowania bunkrów oraz najnowszą historię Szczecina – od wybuchu wojny do odzyskania miasta przez Polaków w 1945 roku.

• **Trasa „Zimna Wojna"** – można się tu dowiedzieć, jak bunkry przeciwlotnicze przerabiano na schrony przeciwatomowe i jak przygotowywano się do przeżycia wojny atomowej. Dla najmłodszych świetna lekcja historii najnowszej.

Informacje praktyczne

Wejście do schronu znajduje się na terenie Dworca Głównego PKP Szczecin. Temperatura w podziemiach wynosi 10°C, trzeba się więc ciepło ubrać.

Szczecińskie Podziemne Trasy Turystyczne, ul. Kolumba 1 lok. 6, Szczecin, tel. 91 434 00 06, 91 434 08 01, trasę „II Wojna Światowa" można zwiedzać codziennie o godz. 12, a trasę „Zimna Wojna" w soboty o godz. 13. Wycieczki i grupy zorganizowane mogą po wcześniejszej rezerwacji ustalić inne godziny.

www.schron.szczecin.pl

PODZIEMNE SPOTKANIA Z PRACĄ: KOPALNIE

Nowa Ruda: kolejka do kolejki

Uwaga! Wchodzimy do kopalni, która kiedyś była uznawana za najniebezpieczniejszą w Polsce. Wydzielało się tu tak dużo dwutlenku węgla i metanu, że od czasu do czasu zdarzały się wielkie eksplozje. Dziś metanu już nie ma, ale mimo to miejsce wciąż owiane jest złą sławą.

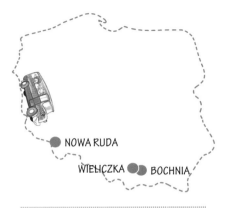

Informacje praktyczne

Trasa długości 750 m obejmuje takie atrakcje, jak oglądanie zardzewiałych maszyn górniczych, przeciskanie się przez ciasne korytarze oraz zjeżdżanie po linie. To pierwsza w Polsce podziemna kolejka górnicza udostępniona turystom. Na dzieci czeka niespodzianka – spotkanie z opiekunem kopalni duchem Skarbnikiem. Wewnątrz panuje temperatura ok. 12°C, trzeba więc zabrać ciepłą odzież. Zwiedzanie z przewodnikiem trwa nieco ponad godzinę. Zejścia co 30 min.

Podziemna Trasa Turystyczna „Kopalnia Węgla", ul. Obozowa 4, Nowa Ruda, tel. 74 872 79 11, czynne od stycznia do marca w godz. 9-16, od kwietnia do czerwca 9-17, od lipca do sierpnia 9-18, od września do października 9-17, od listopada do grudnia 9-16.

www.kopalnia-muzeum.pl

Posłuchaj Karoliny

Ale heca! Musieliśmy założyć kaski (mój był trochę za duży) i takie specjalne fartuchy. Dostaliśmy też górnicze lampki i szliśmy z nimi jak ekipa przerośniętych krasnali. Nawet sobie podśpiewywaliśmy: „Hej, ho, hej, ho, do pracy by się szło!". W kopalni było fajnie, bo mogliśmy dotykać wszystkich eksponatów, a nawet przejechaliśmy się kolejką w wagonikach do wożenia węgla. Dziewczyny, które ubrały się w jasne rzeczy, nie były zachwycone – wagonik od węgla to nie limuzyna, więc wszystkie się nieźle ubrudziły.

Bochnia: nocleg w kopalni

Najstarsza kopalnia soli w Polsce zapewnia atrakcje, jakich próżno szukać po świecie. Mamy tu pod jednym dachem, a raczej pod jednym skalnym stropem, trasy turystyczne, górniczy skansen, podziemny spływ łodzią, kolejkę, uzdrowisko, restaurację, hotel, kino, a nawet prysznice. Na szczęście w tych ostatnich woda leci słodka, a nie słona. Pod ziemią organizowane są nawet zawody rowerowe i biegi sztafetowe!

Posłuchaj Karoliny

Najbardziej podobało mi się to, że pływałam łódką ponad 200 m pod ziemią. To głębiej, niż wynosi głębokość jeziora Hańcza, a nawet dna Bałtyku! Wszyscy mieliśmy na głowach kaski i wyglądaliśmy jak ekipa poszukiwaczy zaginionych skarbów. Odpychałam się rękami od ścian i w ten sposób pomagałam panu z wiosłami sterować łodzią. Przedstawiono nam też górnika w tradycyjnym stroju, który wyjaśniał, skąd się wziął zwyczaj noszenia takich ubrań i okrągłych czapek z pióropuszami. No, i odjazdowe były spotkania ze Skrzatami Solnymi i Skarbnikiem.

Posłuchaj Karola

Nocleg w kopalni był odlotowy! Nikt z wrażenia nie mógł zasnąć. Bo przecież: i piętrowe łóżka, i solny klimat – podobno bardzo zdrowy na przeziębienia, i brak okien, przez które normalnie wpada jakieś światło. A przed pójściem spać graliśmy w koszykówkę. Nie wiem, kiedy zasnęliśmy, ale musiało być dość późno.

Kolejka w Kopalni Soli w Bochni

Informacje praktyczne

Pobyty nocne należy rezerwować z dużym wyprzedzeniem, a pobyty rekreacyjne, czyli wdychanie solanki i korzystanie z mikroklimatu komory Ważyn, trwają 3 godz. (jednorazowo wjeżdża do niej co najmniej 25 osób).

Grupa, która przyjedzie bez wcześniejszej rezerwacji, musi czekać na przewodnika. W ofercie dla wycieczek szkolnych znalazły się liczne lekcje i programy edukacyjne. Zajęcia prowadzone są w podziemiach oraz na powierzchni – w Parku Archeologicznym „Osada Oraczy". W tej odtworzonej osadzie z XIII wieku można poznać życie dawnych rzemieślników i rolników, wykonując różne przedmioty tradycyjnymi technikami.

W kopalni urządzane są także imprezy andrzejkowe, mikołajkowe, zabawy z okazji Dnia Dziecka oraz bale karnawałowe. Komórki nie mają pod ziemią zasięgu, ale na miejscu są automaty telefoniczne (trzeba tylko mieć do nich kartę). Zwiedzanie trasy turystycznej trwa nieco ponad 2 godz. Temperatura w podziemiach jest stała i wynosi ok. 14°C, dlatego trzeba się ciepło ubrać.

Uzdrowisko Kopalni Soli Bochnia Sp. z o.o., ul. Solna 2, Bochnia, tel. 14 615 36 00, 14 615 36 36, 14 615 36 37. Godziny zjazdów: turyści indywidualni – od poniedziałku do piątku 9.30, 11.30, 15.30, sobota, niedziela 10.15-16.15 (co godzinę); grupy zorganizowane (minimum 15 osób, ale nie więcej niż 30) – od poniedziałku do piątku w godz. 8.30-18, sobota, niedziela 10.15-16.15.

 **www.kopalniasoli.pl**

Sztafeta w Bochni

Posłuchaj Karola

Aha, zapomniałem wspomnieć o podziemnym pociągu. Przejechaliśmy ponad kilometr na głębokości 212 m! Oprócz tego szaleliśmy na górniczej zjeżdżalni i oglądaliśmy interesujący film. Mają tu najprawdziwsze kino!

Posłuchaj Karoliny

Nie lubię lekcji podczas wycieczek klasowych. Przecież po to opuszczamy mury szkoły, by ich nie było, prawda? Ale te tutaj okazały się bardzo fajne! Dowiedziałam się, skąd się bierze sól w przyrodzie, jak ją niegdyś wydobywano spod ziemi, poznałam też legendę o królowej Kindze i jej pierścieniu. No i wreszcie wiem, dlaczego sól w dawnych wiekach była niesłychanie cenna! Dziś jej opakowanie to wydatek kilku złotych, ale 600 lat temu kilogram soli kosztował tyle, co kilogram srebra! Solą konserwowano mięso (pierwszą lodówkę skonstruowano dopiero na początku XX wieku) i używano jej do wyrobu broni, lekarstw oraz do wyprawiania skór.

Wieliczka:
sól, pałace i kaplice

Kopalnia Soli w Wieliczce powstała 800 lat temu, ale sól wykopywano tu i warzono już kilka tysięcy lat wcześniej. Przed wiekami można było nią płacić. **Żupy**, czyli kopalnie soli, należały do władcy i tylko on mógł czerpać z nich zyski. Wydobywanie tego niezwykle cennego wówczas surowca i handlowanie nim bez królewskiego pozwolenia karano śmiercią. Dziś Wieliczki pilnują strażnicy, ale tylko po to, by zapewnić zwiedzającym bezpieczeństwo. Czy wiesz, że to najstarsza czynna kopalnia na świecie i w dodatku bezcenny zabytek? Zazdroszczą nam jej wszystkie kraje. Dla rozgrzewki (bo pod ziemią panuje przez cały rok temperatura 14°C) przytoczymy kilka ważnych informacji.

• Trasa turystyczna przebiega przez 22 komory wydrążone w skałach i w soli – wszystkie są ozdobione rzeźbami, płaskorzeźbami oraz obrazami wykutymi i wyrysowanymi w soli.

• Na kopalnię składa się ok. 3000 komór i blisko 300 km korytarzy na dziewięciu podziemnych piętrach.

• Kaplica św. Kingi, znajdująca się 101 m pod ziemią, może pomieścić 500 osób.

• Na głębokości 135 m funkcjonuje sanatorium.

• W kopalni odbywają się bankiety, koncerty, śluby i wesela.

Kaplica św. Kingi w Wieliczce

Informacje praktyczne

Turyści indywidualni poruszają się z przewodnikiem w grupach 35-osobowych. Wycieczki szkolne muszą wcześniej zarezerwować bilety (i miejsce w kolejce do zwiedzania), mogą też zamówić obiad. Kopalnia zatrudnia przewodników biegle posługujących się językami obcymi, którzy dyżurują o stałych godzinach.

Dla dzieci w wieku szkolnym proponuje się zwiedzanie połączone z zajęciami edukacyjnymi i zabawą. Uwaga! Oferta ważna jest od listopada do marca, a więc poza sezonem turystycznym.

W Wieliczce można zarezerwować bal karnawałowy lub zabawę mikołajkową.

Kopalnia Soli „Wieliczka", Trasa Turystyczna Sp. z o.o., ul. Daniłowicza 10, Wieliczka, tel. 12 278 73 02 lub 66. Kopalnia jest przystosowana do zwiedzania przez osoby niepełnosprawne, taką wizytę trzeba jednak wcześniej zgłosić. Czynne codziennie od 1 kwietnia do 31 października w godz. 7.30-19.30, od 2 listopada do 31 marca w godz. 8-17.

 www.kopalnia.pl

I na koniec

Więcej o tych i innych podziemnych atrakcjach turystycznych w Polsce dowiesz się, odwiedzając poniższą stronę internetową.

 www.podziemia.pl

Posłuchaj Karoliny

Wieliczka jest prześliczna – spodziewałam się kopalni, a znalazłam się w pałacu! Ktoś miał naprawdę fajny pomysł z tym ośrodkiem leczniczym, gdzie wdycha się solankę. Ja się często przeziębiam, a tam oddychałam, jakbym nigdy w życiu nie miała kataru! Maluchy są zachwycone Grotą Krasnoludków, a my – starsi i poważniejsi – woleliśmy Muzeum Żup Krakowskich. Po namyśle powiem tak: Wieliczka jest piękna, ale w kopalni w Bochni lepiej się bawiłam.

Posłuchaj mamy Karoliny i Karola

Na pierwszy poziom kopalni (64 m pod ziemią) schodzi się po 380 schodach, więc maluchy mogą się zmęczyć, zanim jeszcze zaczną właściwe zwiedzanie, które trwa 3 godz. Wieliczkę odwiedza rocznie ponad milion osób i to się daje zauważyć, gdy człowiek utknie w kilometrowej kolejce po bilety i do wejścia. Na obejrzenie kopalni najlepiej przeznaczyć cały dzień.

Ruszamy z kopyta!

Z końmi sprawa ma się tak: jedni mówią, ze je kochają i uwielbiają na nich jeździć, inni twierdzą, ze je kochają, ale za zadne skarby świata na nie nie wsiądą. Jeszcze inni przekonują, ze wolą psy albo koty, jednak gdy nadarza się okazja, by popatrzeć na jeździeckie popisy i skoki – oczu od nich oderwać nie mogą. Zwłaszcza gdy z siodła macha koltem kowboj w wielkim kapeluszu i zaprasza na rodeo... Stadnin i kowbojskich miasteczek są w Polsce setki. Przedstawimy tylko niektóre z nich. Jeśli ci się spodobają, z pewnością znajdziesz drogę do pozostałych.

KONIE, KOLTY I KOWBOJE

Zieleniewo: Western City

Przegląd kowbojskich miasteczek zaczynamy od Pomorza. Miłośnicy kapeluszy z szerokim rondem, indiańskich pióropuszy, koni, ognisk, wigwamów oraz rodeo powinni być zadowoleni. Wszystkie te atrakcje czekają na nich w Zieleniewie, ok. 3 km za Kołobrzegiem, jadąc w stronę Trzebia-towa. Kowbojskie miasteczko Western City sąsiaduje tu z wioską indiańską, jeźdźcy mijają się z bryczkami i wozami wypełnionymi osadnikami przybywającymi na Dziki Zachód. Można wziąć udział w rodeo, spróbować sił w łapaniu świń i dojeniu kóz, w dosiadaniu wielbłąda oraz karmieniu strusi. Dla dzieci przygotowano lekcje kowbojskich tańców, rzucania lassem, strzelania z bata oraz jazdy na oklep. W miasteczku działa najprawdziwszy saloon, do którego czasem wpadają bandyci, aby obrabować gości. Spokojnie, nikomu nic nie zginie – przestępcy wiedzą, że miejscowy szeryf nie nosi koltów tylko dla ozdoby...

Zieleniewo dysponuje też klasycznym wesołym miasteczkiem, ścianką wspinaczkową, basenem z piłkami dla najmłodszych, strzelnicą oraz terenem dla miłośników paintballu.

Można tu także skosztować jajecznicy ze strusiego jaja. Nie martw się, nikt nie każe zjeść ci całej porcji! Przecież wiadomo, że starczyłaby dla licznej rodziny.

Western City, ul. Wycieczkowa, Kołobrzeg – Zieleniewo, tel. 94 352 61 27, 602 581 272, czynne od godz. 10 do zmierzchu.

 www.dzikizachod.com.pl

• Tuż za **Kołobrzegiem** – przy drodze do Koszalina – mieści się wypożyczalnia czołgów i bojowych pojazdów wojskowych. Wynajmuje się je z kierowcą. Nie jest to tania zabawa. A to dopiero początek atrakcji, bo firma oferuje jazdy po poligonie, udział w symulowanych walkach, malowanie twarzy w barwy maskujące, strzelanie z wiatrówki, rzuty granatem oraz zakupy w miejscowym sklepie z wojskowym wyposażeniem. Oto poligonowe rady od taty Karoliny i Karola:

1. Przyjechać na poligon z tatą.
2. Dobrze się bawić.
3. Nie pokazywać mamie rachunku.

www.bastion-panzer.com

• **Biesiekierz** – ok. 50 km od Kołobrzegu, przy drodze z Koszalina do Karlina, stoi pomnik ziemniaka. Tą 4-metrową bulwę osadzoną na 5-metrowej podstawce ufundowano tu, ponieważ miejscowość słynie z uprawy tych warzyw. Jechać tam specjalnie nie warto, ale można zatrzymać się na chwilę po drodze i zrobić zdjęcie. Drugi podobny pomnik znajduje się w Poznaniu.

Mrągowo: stolica polskich kowbojów

To właśnie w tym mazurskim mieście od 30 lat odbywa się latem Festiwal Piknik Country Mrągowo, impreza muzyczno-kowbojska. Organizowane są wtedy koncerty zespołów grających country and western, zjeżdżają kawalkady jeepów i amerykańskich krążowników szos, a na ulicach roi się od kowbojskich kapeluszy. Kiedy jednak po zakończeniu imprezy czar prysł i wszystko wracało do normy, władze Mrągowa postanowiły coś z tym zrobić. W 2008 roku otwarto tu największe westernowe miasto w Polsce. Teraz kowbojskie pokazy i koncerty trwają cały rok.

Miasteczko Westernowe Mrongoville Sp. z o.o., ul. Młynowa 50, Mrągowo, tel. 89 743 33 50, czynne od marca do października w godz. 10-16, pokazy od godz. 12, po godz. 16 wstęp wolny.

 www.mrongoville.pl

Pojedynek kowbojów

kartem, trampoliny czy dmuchanego byka na dziecięcym rodeo to dodatkowy koszt. Płaci się także za pokazy kowbojskie. Dla grup zorganizowanych odbywają się one codziennie – kryte trybuny dla publiczności mieszczą do tysiąca osób.

Miasteczko Westernowe „Kansas City" położone jest nad Jeziorem Rudnickim Wielkim, Grudziądz-Rudnik, tel. 56 465 23 49, 56 462 68 01, czynne od 1 maja do 30 września w godz. 10-20.

www.mega-park.pl
www.rancho.tfirma.pl

Grudziądz: Kansas City z plastikowym słoniem

Organizatorzy Kansas City Grudziądz mieli ambicję zgromadzenia pod jednym dachem wszystkich możliwych atrakcji świata. I chyba im się to udało, choć efekt jest osobliwy. Mamy tu bowiem kowbojskie miasteczko, wesołe miasteczko, wypożyczalnię gokartów i quadów, park jurajski pełen plastikowych dinozaurów (niektóre ruszają się i potrafią nagle zaryczeć nad uchem!) oraz safari ze sztucznymi dzikimi zwierzętami. Ponadto zoo z kurami, kozami i strusiami. Warto również zajrzeć do Krainy Baśni, Bajek i Legend, by spotkać Jasia i Małgosię, krasnoludki czy smerfy. Bez wątpienia trzeba zabrać ze sobą mnóstwo pieniędzy, zarezerwować cały dzień i… niczemu się nie dziwić.

Kupno wspólnego biletu zapewnia wejście do wszystkich części megaparku, ale każda atrakcja w rodzaju jazdy go-

Uwaga, atrakcja!
Pokazy kowbojskie w Kansas City są naprawdę ciekawe. Można zobaczyć wyścigi koni prawdziwych z mechanicznymi, pojedynki na ulicach, napad na bank, pokazy kowbojskich tańców, kaskaderskiej jazdy konnej, strzelania z bata, rzucania tomahawkami, a także zabawne scenki, np. przygody zaspanych kowbojów czy perypetie bandy przestępców--nieudaczników braci Dalton (znanych z komiksów o przygodach Lucky Luke'a).

Karpacz: western pod Kozią Skałą

Western City w Karpaczu funkcjonuje od 1998 roku, w organizacji kowbojskich atrakcji ma więc niemałe doświadczenie. Działają tu sklep kolonialny, więzienie u szeryfa, saloon, bank, chata trapera i przystanek dyliżansów. Można wydrukować list gończy z własną podobizną, nauczyć się kowbojskich tańców oraz rzucania lassem. Dodatkową atrakcję stanowi polowanie z dzidą na bizona (na szczęście sztucznego). Na miejscu jest też niewielkie zoo oraz ośrodek jeździecki.

Western City, Ścięgny koło Karpacza, tel. 75 761 95 60, czynne przez cały rok w godz. 10-20, imprezy dla grup zorganizowanych najlepiej rezerwować z dużym wyprzedzeniem.

 www.western.com.pl

STADNINY I SZLAKI KONNE

Janów Podlaski: konie na wagę złota

Najsłynniejsza hodowla koni w Polsce to prawdziwe końskie miasteczko. Trafić do niej łatwo – leży 2 km za Janowem Podlaskim, tuż nad Bugiem we wsi Wygoda. Dojeżdża się tam wspaniałą lipową aleją, w szpalerach ponadstuletnich drzew. Konie hoduje się tu od 1817 roku, kiedy to założono w tym miejscu pierwszą państwową stadninę na ziemiach polskich. Zabytkowe stajnie zaprojektował Henryk Marconi, jeden z XIX-wiecznych mistrzów architektury. Zwiedza się je tylko z przewodnikiem, ale warto się o to postarać, gdyż można wtedy wejść do końskiego miasta i dowiedzieć się wielu ciekawych rzeczy. W parku znajduje się cmentarz, na którym pogrzebano najsłynniejsze rumaki. Miejsca ich pochówku oznaczono wielkimi głazami.

Stadnina Koni Janów Podlaski Sp. z o.o., Janów Podlaski, tel. 83 341 30 09 (w godz. 8-15). Zwiedzanie jest bezpłatne, ale opiekę przewodnika i godziny wizyty trzeba wcześniej ustalić telefonicznie lub mailowo.

 **www.janow.arabians.pl**

Uwaga, atrakcja!

Janów Podlaski to sympatyczne miasteczko pełne zabytków. Znajdziesz tu drewniany młyn wodny i wiatrak. Na rynku przyjrzyj się... zabytkowej stacji benzynowej. Zachował się tutaj chyba ostatni w Polsce **przedwojenny dystrybutor do tankowania samochodów**, oczywiście napędzany ręcznie. Pracownik stacji musiał się nieźle namachać, by napompować do pełna zbiornik w ciężarówce!

Kartka z kalendarza

Sierpień – raz w roku w połowie miesiąca organizowane są aukcje. Konie czystej krwi arabskiej z Janowa Podlaskiego słyną na całym świecie. Aby je kupić, hodowcy przyjeżdżają tu ze wszystkich kontynentów. Przed licytacją stadnina aranżuje Narodowy Pokaz Koni Arabskich. Po bilety ustawiają się kolejki, ponieważ prezentuje się tu najpiękniejsze i najsłynniejsze wierzchowce (oczywiście także najdroższe!). Rekordzista został sprzedany za milion dolarów! Naturalnie nie musisz brać udziału w licytacji, ale popatrzeć, jak to robią inni, na pewno nie zaszkodzi.

www.prideofpoland.pl

Janów Lubelski: konie biłgorajskie

Małe, dzielne i bardzo silne, a przy tym sympatyczne. Dzieciaki je kochają, ponieważ są nadzwyczaj łagodne. W Ostoi Koni Biłgorajskich na pewno będzie można pogłaskać zwierzaki, a nawet odbyć krótką przejażdżkę. Zależy to od opiekuna koni i od tego, czy w danym dniu miejsce odwiedza dużo turystów.

Ostoja Koni Biłgorajskich – Park Krajobrazowy „Lasy Janowskie", tel. 15 872 13 74, odwiedzanie koni pod opieką przewodnika codziennie przez cały rok od poniedziałku do piątku w godz. 8-13.30. Ostoja znajduje się w leśnej osadzie Szklarnia, niedaleko Janowa Podlaskiego.

 www.pklasyjanowskie.pl

Koń biłgorajski

> ### JESTEŚ O KROK
> W województwie lubelskim działa kilka ośrodków hipoterapii: w Janowie Lubelskim, Szklarni, Krasnobrodzie, Kozuli, Kęble, Poniatowej i Nałęczowie. Ponadto w okolicy funkcjonuje wiele stadnin i gospodarstw agroturystycznych oferujących przejażdżki w siodle lub bryczkami (zimą saniami).

Uwaga, atrakcja!

Na Polesiu Lubelskim wytyczono najdłuższy w Polsce **Poleski Szlak Konny**. Liczy aż 280 km, a na jego pokonanie potrzeba kilku dni. To dopiero prawdziwa przygoda w siodle! Trasa biegnie przez parki narodowe, leśne ostępy, tereny, gdzie króluje dzika przyroda. Można też spróbować swych sił na Roztoczu, gdzie przygotowano wiele dróg o różnym stopniu trudności – do najpiękniejszych należy **Ułański Szlak Konny**.

Posłuchaj Karoliny

Podczas wizyt w stadninach dowiedziałam się czegoś niezwykłego! Wiesz, że konie służą do leczenia ludzi? Nie, oczywiście, że nie robi się z nich pastylek ani syropów! One leczą sobą, swoją obecnością. Wyobraź sobie, że osoby ciężko chore, którym trudno się poruszać, mające uszkodzenie mięśni lub nerwów, uczą się podczas jazdy konnej panować nad swoimi ruchami i kontrolować ciało. Taka terapia jest bardzo skuteczna i nazywa się hipoterapią. Dlaczego „hipo", skoro dosiada się konia, a nie hipopotama? Ponieważ w języku greckim koń to *hippos*. Stąd do dziś jazdę konną nazywamy *hipiką*, a terapię konną – *hipoterapią*.

Beskidy i Bieszczady: kraina koni

To prawdziwy raj dla koniarzy! W górach tych działa 17 dużych stadnin i kilkadziesiąt mniejszych gospodarstw agroturystycznych oferujących przejażdżki. Organizowane są też rajdy konne. W Bieszczadach przygotowano już 142 km tras turystycznych do pokonania w siodle – prowadzą starymi leśnymi drogami, nasypami pozostałymi po nieczynnych liniach kolejowych i dawnymi drogami polnymi.

www.odrzechowa.izoo.krakow.pl
www.albigowa.com.pl/stadnina
www.bdpn.pl

Kartka z kalendarza

Maj – Dolina Górnego Wisłoka, Łemkowski Wypęd Bydła – coroczne przepędzanie stada ogierów huculskich i kilkuset sztuk bydła na letnie pastwiska na trasie Zawoje – Polany Surowiczne.
Wrzesień – Łemkowski Spęd Bydła – stada wracają z pastwisk do zagród.

JESTEŚ O KROK

• **Letnie Stanice Górskiej Turystyki Konnej** – jedno- i wielodniowe jazdy i rajdy konne, nauka jazdy, możliwość pomocy przy koniach.

Ośrodek Informacji i Edukacji Turystycznej BdPN, tel. 13 461 03 50; stanice znajdują się w: Ustrzykach Górnych (Rancho Terebowiec), Wetlinie (Górna Wetlinka), Zatwarnicy, Tarnawie Niżnej (Nad Roztoką), Lutowiskach.

• **Łańcut** – wspaniały zamek z kolekcją zabytkowych powozów, karet i dorożek. Zebrano ich aż 55, niektóre są unikatowe i nie opuszczają muzeum, inne czasami wożą turystów. Kupując łączony bilet, zwiedzi się zamek, powozownię i stajnie, ale wejście możliwe jest tylko w grupach z przewodnikiem.

Muzeum – Zamek w Łańcucie, ul. Zamkowa 1, Łańcut, tel. 17 225 20 08 w. 124. Aktualne godziny zwiedzania najlepiej sprawdzić w Internecie, www.zamek-lancut.pl

---

Uwaga, atrakcja!

Beskidy i Bieszczady słyną z hodowli **koni huculskich** – spokojnych, silnych i wytrzymałych, a przede wszystkim świetnych do nauki jazdy. Ale w stadninach są też **kuce szetlandzkie** uwielbiane przez najmłodszych dżokejów, **koniki polskie** oraz gorącokrwiste i skoczne **konie hanowerskie**. Te ostatnie nadają się tylko dla doświadczonego jeźdźca! Konie hanowerskie, niedoścignione w zawodach, gdzie liczy się umiejętność wysokich i dalekich skoków, można oglądać w stadninie w Czarnej koło Ustrzyk Dolnych.

Kuc szetlandzki

Małopolska: jeśli hucuł, to z Gładyszowa

Doświadczeni koniarze twierdzą, że nic nie daje takiej radości i emocji jak przejażdżki w siodle po górskich traktach. Oglądając zdjęcia z takich wypraw, trudno się nie zgodzić – podczas podróży szlakiem bezdroży, górskich fortec i malowniczych zamkowych ruin można niemal przenieść się w czasie. Wystarczy odrobina wyobraźni.

Stadnina Koni Huculskich „Gładyszów" Sp. z o.o., Regietów 38, Ujście Gorlickie, tel. 18 351 00 18, czynne codziennie przez cały rok w godz. 7-15. Wejście grupy zorganizowanej wymaga wcześniejszej rezerwacji.

 **www.skh.horseport.pl**

Kartka z kalendarza

Wrzesień – co roku w Regietowie odbywają się Dni Huculskie. Mnóstwo wtedy kiermaszów, występów, konkursów i oczywiście popisów konnych.

Szlaki

• **Transjurajski Szlak Konny** – prowadzi ze stadniny w Nielepicach poprzez Pustynię Błędowską, Szlak Orlich Gniazd (to szlak zamków zbudowanych na Jurze Krakowsko-Częstochowskiej) do Podzamcza, czyli w miejsce, gdzie stoi posępny i piękny zamek w Ogrodzieńcu (zob. s. 26-27).
• **Transbeskidzki Szlak Konny PTTK** – najdłuższy w Polsce, przeznaczony tylko dla wytrawnych jeźdźców. Biegnie od Brennej w Beskidzie Śląskim do Wołosatego w Bieszczadach. W Małopolsce wiedzie z Krowiarki do **Orawskiego Parku Etnograficznego** w Zubrzycy. Warto zajrzeć do tego skansenu i zobaczyć, jak przed wiekami na tych terenach żyli ludzie.

Posłuchaj Karoliny
Gładyszów słynie z największej w Europie hodowli koni huculskich. Mają tu 100 km tras konnych, także takich dla dzieci! Organizują wczasy jeździeckie, turnusy, treningi, naukę jazdy, są sklepy z akcesoriami... Można by stąd nie wyjeżdżać.

JESTEŚ O KROK
Spływy tratwami przełomem Dunajca – piękna przyroda, dzika rzeka, trochę strachu i największa atrakcja turystyczna w Polsce. Flisacy zabierają chętnych na wycieczkę tratwami z biegiem rzeki, która płynie wartko, chlapie zimną wodą i w dodatku zakręca ostro siedem razy, lawirując pomiędzy wysokimi skałami.

Spływy od miejscowości Sromowce Wyżne Kąty do Szczawnicy (2 godz. 15 min) i do Krościenka (2 godz. 45 min), od 1 kwietnia do 31 października w godz. 8.30-17, tel. 18 262 97 21, www.flisacy.com.pl

Pomorze i Kaszuby: strzał z bata

Łobez. Niewielka miejscowość oddalona o 20 km od Drawska Pomorskiego i Świdwina zachwyci nie tylko koniarzy. Miłośnicy zabytków chętnie obejrzą 300-letnie domy i 600-letni kościół, a wielbiciele koni pogalopują do Świętoborca, gdzie od 1876 roku jest centrum hipiczne i stado ogierów. Można tu pojeździć w jednej z największych w Polsce krytych ujeżdżalni.

 www.sbslobez.com

Wymysłowo. W Muzeum Kultury Indiańskiej im. Sat Okha dzieci mogą pojeździć konno, w tym także na kucyku, przejechać się bryczką lub saniami. Zimą organizuje się kuligi.

Stadnina koni „Paradizo", Wymysłowo 5 (z Tucholi trzeba jechać w kierunku miejscowości Tleń i Śliwice), tel. 52 334 32 19.

 www.paradizo.borytucholskie.pl

Kartka z kalendarza

Czerwiec, lipiec, sierpień, wrzesień – Zawody Regionalne w Skokach przez Przeszkody w Łobzie.
Wrzesień – Mistrzostwa Okręgu Zachodniopomorskiego w Ujeżdżeniu, w Łobzie.

Posłuchaj Karoliny

Wiesz co? Najfajniejsze są zawody w powożeniu zaprzęgami. I to takimi, gdzie powóz ciągnie czwórka lub więcej koni. To dopiero sztuka – zapanować nad nimi, mając tylko bat i lejce! Kierowca może mieć sto koni mechanicznych pod maską i łatwo zmusza je do posłuszeństwa pedałem gazu lub hamulca, siedząc w luksusowych warunkach. Tu wystarczy czwórka koni, by nawet najlepszy i najsilniejszy woźnica solidnie się spocił.

Posłuchaj Karola

Teraz to już sam nie wiem, czy chcę zostać kowbojem czy Indianinem. W Wymysłowie odkryłem niezwykłe Muzeum Kultury Indiańskiej. Nie tylko mają stroje i pióropusze, ale wiedzą wszystko o indiańskich wojownikach, ich obyczajach, broni, o tym, jak polowali i prowadzili wojny z bladymi twarzami. Można pomieszkać w wigwamie, odtańczyć taniec wojenny dokoła totemu i pojeździć konno!

Mazowsze: cwał, skok i szczęk oręża

Łąck. Stado Ogierów w Łącku założono w 1923 roku na mocy decyzji Prezydenta Rzeczypospolitej Polskiej. Żyje tu wiele ogierów i klaczy wszystkich ras hodowanych w kraju. Dla każdego znajdzie się wierzchowiec – od sportowego konia do skoków i woltyżerki po poczciwego konika, który będzie człapał z dzieckiem na grzbiecie. Jeździć można z instruktorem lub trenerem, do dyspozycji gości są piękna kryta ujeżdżalnia i doskonałe szlaki. Ośrodek oferuje przejażdżki powozem (ma ich całkiem pokaźną kolekcję), zakwaterowanie w hotelu (taniej) lub w szlacheckim dworku (znacznie drożej). W Łącku odbywają się zawody konne (także międzynarodowe), aukcje koni, wczasy w siodle, zajęcia z hipoterapii, kuligi oraz polowania. Mile widziani są rowerzyści, jako że w okolicy nie brakuje malowniczych ścieżek (zimą króluje tu narciarstwo biegowe).

Stado Ogierów w Łącku, ul. Płocka 12, Łąck, tel. 24 262 98 97, 24 384 19 40, czynne od poniedziałku do piątku w godz. 8-15.

 www.stadolack.home.pl

Stado Ogierów w Łącku

Łomianki. Karol od razu poczuł się rycerzem, a Karolina – gwiazdą dużego ekranu. Nic dziwnego! W końcu odwiedzili Filmową Stajnię Treningową „Bałaguła". Tajniki jazdy zgłębiają tu dzieci już od 7. roku życia, zaś młodzież i dorośli poznają trudną sztukę skoków w siodle oraz powożenia zaprzęgami. Ale jazdy uczą się też konie… że co proszę? Przecież mają ją opanowaną tak jak ludzie chodzenie na dwóch nogach! Hm, zanim wyśmiejesz tę informację, daj nam dokończyć. Specjalnością stajni „Bałaguła" jest trenowanie koni do udziału w filmach. A wszystko po to, by pięknie wypadły przed kamerą.

Sekcja Skokowa „Bałaguła", ul. Zielona 30, Łomianki, Dąbrowa Leśna, tel. 22 751 36 48.

 www.konno.pl

Uwaga, atrakcja!

Właściciel stajni, pan Jerzy Celiński, jest konsultantem filmowym od białej broni, fechtunku (czyli sztuki władania szablą, mieczem, rapierem i szpadą) oraz jazdy konnej. Dla chętnych może zorganizować kurs walki na kije, szable lub miecze.

Łomianki po raz drugi. Klub Jeździecki „Pepeland"
i przylegający do niego park atrakcji, działający pod tą
samą nazwą, to jeden z żelaznych punktów rozrywki dla
dzieci z Warszawy i okolic. Na chętnych czeka tu 10 dużych koni i 10 kuców, a ponadto kryta ujeżdżalnia, przyjemne trasy nad Wisłą i Jeziorem Dziekanowskim do
pokonania w siodle lub bryczką. Nad bezpieczeństwem
czuwają instruktorzy szkolący młodych jeźdźców w trzech
językach.

Kto się boi koni, niech się nie zraża, gdyż po sąsiedzku
znajduje się Nietypowe Miasteczko Rekreacji „Pepeland". Nietypowe, ponieważ rzadko gdzie można wspi-
nać się na takie same mosty linowe, na jakich ćwiczą komandosi. Zwiedza się też czołg, helikopter i bojowe
pojazdy z wojskowego demobilu. Jest szansa pojeździć
(oczywiście jako pasażer) łazikiem, ciężarówką wojskową,
wielką zgarniarką wojsk inżynieryjnych, która da sobie
radę w każdym terenie, z powierzchnią Marsa włącznie,
quadem, pojazdem typu buggy albo bojowym wozem
straży pożarnej! Poza tym czeka bilard, kręgielnia, grill
i co tam jeszcze sobie wymarzysz. Nic dziwnego,
że z chęcią przyjeżdżają tu szkolne wycieczki.

Klub Jeździecki „Pepeland", ul. Kolejowa 378, Łomianki, tel. 22 751 26 27,
czynne codziennie w godz. 9-19.

www.pepeland.pl

Kanie koło Otrębus. Ponad 40 koni
przygotowanych pod siodło i do turystycznej rekreacji. Jazdy odbywają
się w zagajnikach, na łąkach, wzdłuż
brzegów rzeki, która nazywa się
Zimna Woda (lepiej do niej nie
wpaść). Najmłodsi dżokeje dosiądą
kuców, wycieczki wgramolą się na
pasażerski wóz z plandeką, wytraw-
ni jeźdźcy pogonią w teren na rą-
czych koniach wielkopolskich lub
poczciwych, wytrzymałych konikach
polskich. Karczma wabi zapachem
dobrego jedzenia, zaś amatorzy
mocnych wrażeń mogą przyjrzeć się
treningom kowbojskich dyscyplin
sportowych, takich jak trail (farmer-
ski slalom na koniu pomiędzy bram-
kami) czy wyścigi wokół tyczek
i beczek.

Szkoła Jazdy Konnej „PA-TA-TAJ",
ul. Krótka 9, Kanie koło Otrębus,
tel. 22 758 58 35. Aktualne godziny otwarcia
najlepiej sprawdzić w Internecie.

www.patataj.com

Rycerska przygoda

M oda na odtwarzanie dawnych wojsk i bitew opanowała cały kraj. Im więce lat upływa od czasów królów, rycerzy i dumnych szlachciców z wąsami i z krzywymi szablami, tym więcej owych rycerzy i szlachciców spotyka się współcześnie. Jednak najfajniej i najbardziej prawdziwie wyglądają oni tam, gdzie pojawiali się przed kilkuset laty – na dziedzińcach starych zamków.

Posłuchaj Karambola

Są takie chwile, kiedy kompletnie nie rozumiem ludzi. Ubierają się w ciężkie blachy oraz grube skóry i okładają stalowymi mieczami podczas upałów. Nie lepiej położyć się w cieniu, ogryzając smakowitą kość? W każdym razie, kierując się moim GPS-em i niezawodnym nosem (w końcu to nic trudnego wywęszyć miejsce, gdzie tłum spoconych facetów wywija maczugami), ustaliłem, gdzie odbywa się większość tych bijatyk. Ale sam się tam nie wybieram! W takich miejscach pies jest pierwszym kandydatem od zadeptania.

Kartka z kalendarza

MAJ

Czersk (Mazowsze) – Turniej Rycerski na Dworze Konrada Mazowieckiego.

Ujazd (Małopolska) – Turniej Rycerski o Szablę Krzysztofa Baldwina Ossolińskiego.

CZERWIEC

Zamość – Szturm Twierdzy Zamość.

Ogrodzieniec (Śląsk) – Najazd Barbarzyńców, spotkania z wczesnym średniowieczem; „Ave Roma", festyn przybliżający kulturę i wojskowość starożytnego Rzymu.

LIPIEC

Łódź – pokazy walk barbarzyńców z legionami starożytnego Rzymu.

Golub-Dobrzyń (Kujawy) – Wielki Turniej Rycerski.

Grunwald – inscenizacja bitwy pod Grunwaldem.

Malbork – oblężenie zamku.

Ogrodzieniec (Śląsk) – Szwedzi na Zamku – festyn i pokazy walk.

Węgierska Górka (Śląsk) – turniej rycerski.

Grodziec (Dolny Śląsk) – Legnicko-Brzeski Turniej Rycerski o Srebrny Pierścień Kasztelana Zamku Grodziec.

Sandomierz – Międzynarodowy Turniej o Miecz Zawiszy Czarnego z Garbowa.

LIPIEC/SIERPIEŃ

Ogrodzieniec (Śląsk) – Turniej Rycerski o Miecz Kasztelana Zamku Ogrodzienieckiego.

Gniew (Kujawy) – Międzynarodowy Konny Turniej Rycerski Króla Jana III Sobieskiego.

Kędzierzyn-Koźle (Górny Śląsk) – Dni Twierdzy Koźle.

SIERPIEŃ

Zamek Chojnik (Dolny Śląsk) – Turniej Rycerski o Złoty Bełt Chojnika.

Gniew (Kujawy) – Vivat Vasa! Bitwa Dwóch Wazów.
Łagów Lubuski – Festiwal Kultury Rycerskiej
i Szlacheckiej.
Słupsk (Pomorze) – Turniej Łucznictwa Tradycyjnego;
Międzynarodowy Turniej Walk Pieszych.
Zamek Olsztyn (Śląsk) – Turniej Rycerski o Szablę
Kacpra Karlińskiego.
Byczyna (Dolny Śląsk) – turniej rycerski.
Suszec (Śląsk) – Najazd Wikingów na Ziemie Suszeckie.
WRZESIEŃ
Ciechanów (Mazowsze) – Bunt Mazowsza,
czyli Spotkania ze Średniowieczem.
Nysa (Dolny Śląsk) – Dni Twierdzy Nysa.

*List Króla Jegomości
do Rodziców*

*Wszystkim miłośnikom rycerstwa, staro-
polskich obyczajów, męstwa wojennego,
pięknych księżniczek i dzielnych wojowników, kalendarium owo zestawiamy.
Wolą naszą dat dokładnych nie podajemy,
jako że co roku się zmieniają. Miesiące
za to pozostają. Tedy mając podane,
co i gdzie, imaginuję, że Waszmościowie
wszelkie informacyje odnajdą.
Czołem Waszmościom, czołem!
Król Włóczykij III*

MALBORK – OBLĘŻONY PRZEZ RYCERZY I TURYSTÓW

Co wiemy o zamku

Rycerze zakonu krzyżackiego, którzy od XIII wieku tworzyli
państwo na terenach dzisiejszego Pomorza i Mazur, postanowili ustanowić tu swoją stolicę. Nazwali ją Marienburg. Przez
400 lat wznosili i ulepszali zamek, który uczynili twierdzą nie
do sforsowania. Po raz pierwszy została zdobyta w XVII stule-
ciu. Do dziś jest największą gotycką warownią na świecie.
Mówi się, że Mediolan wybudowano z marmuru, a Malbork
z błota. Jak to z błota? Z błota, a dokładnie z gliny, z której

wypalano kilkanaście milionów cegieł zużytych na jego budowę. Jeśli w XXI wieku, w świecie dźwigów, wieżowców i wielkich miast, malborski zamek wzbudza zachwyt, to co mieli powiedzieć ludzie, którzy oglądali go 600 lat temu? Część murów, bram, obronnych i gospodarczych budynków została zniszczona podczas wojen lub rozebrana dla pozyskania cegieł. Dziś mówimy, że to ogromna forteca. Kilkaset lat temu była jeszcze większa i bardziej rozległa! Zwiedzanie trwa 2,5 do 3 godz. i nie obejrzysz w tym czasie na-

wet połowy komnat! Ale to, co zobaczysz, wystarczy, by na długo wypełnić głowę wrażeniami. Znajdziesz tu wspaniałą kolekcję średniowiecznej broni, system centralnego ogrzewania podłogowego sprzed 500 lat (nadal działa bez zarzutu!), a przede wszystkim przepiękne, ogromne, urzekające sale zamkowe, które przed wiekami przemierzali wielcy mistrzowie krzyżaccy i królowie Polski.

Posłuchaj Karola

Przed oblężeniem Malborka napięcie rośnie przez kilka dni. Pod zamkiem rozkłada się obóz rycerski, w którym można przymierzać zbroje, próbować sił w walce z dawną bronią, strzelać z łuku i kuszy oraz poznawać rycerskie obyczaje. Odbywają się też miniturnieje. Dzieci walczą mieczami ze snopkami siana, uczą się średniowiecznych tańców, lepią garnki, wyplatają ozdoby, naciągają rodziców na tandetne miecze, kusze i halabardy, sprzedawane na dziesiątkach straganów. Kulminacją imprezy jest nocny atak na twierdzę – płonie wtedy zbudowana z drewna i słomy wieś.

Kartka z kalendarza

Czerwiec – Dni Malborka. Na zamku i w mieście odbywa się Festiwal Kultury Dawnej, czyli pokazy tańców, ginących rzemiosł, rycerskich pojedynków, a także uliczne festyny, jarmarki i przedstawienia teatralne.

Oblężenie Malborka

Odbywa się każdego roku w połowie lipca. To historyczne widowisko pokazujące, jak wyglądała próba zdobycia zamku przez wojska króla Władysława Jagiełły, który 10 dni wcześniej, czyli 15 lipca 1410 roku, pokonał Krzyżaków w bitwie pod Grunwaldem. Polakom co prawda nie udał się szturm na twierdzę, ale i tak później ją zdobyli, choć nie za pomocą broni. Krzyżacy tak długo nie płacili swoim rycerzom żołdu (czyli żołnierskiej pensji), że Jagiełło zrobił to za nich, a wdzięczni przeciwnicy w zamian oddali mu warownię.

Oblężenie Malborka to niesamowita impreza! W ciągu dnia na dziedzińcu zamkowym i w jego pobliżu organizowane są pokazy walk i obyczajów rycerskich, wyścigi łodzi, turnieje, prezentacje dawnych zawodów i jarmarki w stylu króla Ćwieczka. Wieczorem, w blasku pochodni, zaczyna się oblężenie.

Muzeum Zamkowe w Malborku, ul. Starościńska 1, Malbork, tel. 55 647 09 78, zwiedzanie od 15 kwietnia do 15 września w godz. 9-19 (tylko grupy z przewodnikiem; ostatnia grupa wchodzi ok. godz. 17), od 16 września do 14 kwietnia w godz. 10-15; w poniedziałki muzeum nieczynne.

www.zamek.malbork.pl

GOLUB-DOBRZYŃ – NAJSŁYNNIEJSZY TURNIEJ W POLSCE

GOLUB-DOBRZYŃ

Co wiemy o zamku

Zamek w Golubiu-Dobrzyniu wybudowali Krzyżacy w latach 1296-1306. Był ważną twierdzą strzegącą granicy ich państwa z Rzeczpospolitą. Mury zamko-we mieściły też klasztor i sporą kaplicę. Warownię kilkakrot-nie oblegano i zdobywano – w ciągu 160 lat na przemian zajmowali ją Polacy i Krzyżacy. Po roku 1600 została prze-budowana na rezydencję księżnej Anny Wazówny (Karolina twierdzi, że podobno jej duch nadal tu mieszka). Po woj-nach ze Szwecją w XVII wieku rezydencja niszczała i popa-dała w ruinę. Przez 200 lat służyła jako siedziba urzędu, szkoła, więzienie i szpital polowy. Dopiero po 1945 roku, kiedy znowu znalazła się na terenie Polski, zaczęto przywra-cać jej dawną świetność. Dziś jest jednym z najładniejszych i najciekawszych zamków średniowiecznych w Polsce.

Rycerskie boje

Warto wiedzieć, że turnieje rycerskie, jakie urządzano w średniowieczu, powróciły właśnie na zamku w Golubiu--Dobrzyniu. W 1977 roku odbył się tu pierwszy w Polsce no-wożytny turniej rycerski, od razu stając się ogromną sensa-

Zamek w Golubiu-Dobrzyniu

cją. Od tej pory każdego roku, na ogół w pierwszy lub drugi weekend lipca, do zamczyska górującego nad niewielkim miasteczkiem przybywają rycerze z różnych stron świata. A wraz z nimi – tłumy turystów.

Turnieje w Golubiu-Dobrzyniu rzeczywiście są imponujące. Drużyny zjeżdżają ze Skandynawii (kiedyś nawet wikingowie zdobywali warownię!), Włoch, Czech, Ukrainy i wielu innych krajów. Łąka na podzamczu staje się wtedy areną starć konnych wojów, kusznicy popisują się celnością, maszerują wspaniałe orszaki z chorągwiami. Dziedziniec pęka w szwach, gdy setki widzów obserwują z krużganków popisy walczących rycerzy, doskonale władających wszystkimi rodzajami dawnej broni – od maczug i toporów po miecze, szable, rapiery i szpady. Przed zamkiem stoi wielka armata – kopia szwedzkiej kolubryny, którą w filmie *Potop* według powieści Henryka Sienkiewicza wysadzał Andrzej Kmicic. A teraz rodzice – do roboty! Opowiedzcie swoim

Posłuchaj Karola

Turnieje w Golubiu-Dobrzyniu słyną z popisów rycerzy na koniach. Jeździec musi w pełnym galopie trafić kopią w obrotową figurę, czyli Saracena. Ma ona przytroczoną do ramienia kulę na łańcuchu i jeśli zostanie źle ugodzona albo rycerz po uderzeniu kopią nie pochyli się w siodle, to przygrzmoci mu nią po plecach. Poza tym rycerze zbierają na ostrza mieczów drewniane pierścienie lub, jadąc z dużą prędkością, celują kopią w zawieszony na ramieniu Saracena pierścień – tak by zgarnąć go na kopię i zawieźć wybrance serca. No, i są jeszcze pojedynki na dziedzińcu zamkowym. Aha, w Golubiu-Dobrzyniu po raz pierwszy w życiu strzelałem z prawdziwej kuszy! Ależ ona ciężka! Niestety, nie udało mi się jej napiąć. Zresztą tacie też nie. Rycerze używali do tego specjalnych urządzeń albo mieli nielichą krzepę.

dzieciom, jak to było z tym Kmicicem i kolubryną. Może znajdziecie w *Trylogii* odpowiedni fragment i wspólnie przeczytacie? A! Pamiętaj, że armata jest do oglądania. Nie właź na nią i nie wtykaj niczego do lufy, bo będą nieprzyjemności.

Zamek Golubski, ul. PTTK, Golub-Dobrzyń, tel. 56 683 24 66, 56 683 24 55, czynne od 1 maja do 30 września w godz. 9-19 (ostatnia grupa wchodzi o godz. 18), od 1 października do 30 kwietnia w godz. 9-16 (ostatnia grupa wchodzi o 15); wycieczki i grupy zorganizowane mogą zarezerwować nocne zwiedzanie zamku z pochodniami i w towarzystwie zjaw.

 www.zamekgolub.pl

Posłuchaj Karoliny

Co to za zwyczaj, że w każdym zamku musi straszyć duch albo kościotrupkowa księżniczka! Przecież dziewczyny są do lubienia, a nie do uciekania przed nimi z krzykiem. W tym Golubiu-Dobrzyniu po komnatach przechadza się duch Anny Wazówny. Księżniczka podobno tak pokochała swoją siedzibę i gród, że z miasteczka wygnała próżniaków, leni i plotkarzy, aby uczciwym ludziom żyło się przyjemnie. Najwidoczniej było jej tu tak dobrze, że postanowiła nie wyprowadzać się stąd nawet po śmierci…

Posłuchaj taty Karoliny i Karola

Turnieje w Golubiu-Dobrzyniu są rzeczywiście niezwykłym widowiskiem. Jeśli ktoś chce przyjechać tu na kilka dni, radzę rezerwować nocleg z kilkumiesięcznym wyprzedzeniem. Można też zabrać namiot lub szukać kwater w okolicy, a nawet w oddalonym o ok. 30 km Toruniu. I jeszcze jedno: podczas każdego turnieju napotkacie dziesiątki straganów z drewnianymi i plastikowymi mieczami, halabardami, maczugami i łukami. Rozemocjonowane dzieciaki zapewne wymuszą kupienie jakiegoś uzbrojenia. Zadbajcie o to, by wypróbować ten arsenał dopiero w bezpiecznym miejscu i pod nadzorem dorosłego, żeby frajda, jaką jest wycieczka, nie przemieniła się w płacz, kontuzje i poszukiwanie szpitala.

GNIEW – BŁYSK MIECZA, ŚWIST SZABLI…

● GNIEW

Co wiemy o zamku

Zamek w Gniewie stanowił najpotężniejszą twierdzę zakonu krzyżackiego na lewym brzegu Wisły. Zbudowana na przełomie XIII i XIV stulecia, czyli ponad 700 lat temu, warownia była stolicą komturów (ważnych krzyżackich dowódców). Gdy utraciła znaczenie obronne (XIV-wieczne mury nie chroniły przed nowoczesną artylerią), bywała siedzibą lokalnych władz, np. starostów, pełniła też funkcję koszar, spichlerza do przechowywania żywności, więzienia. Zamek całkowicie strawił wielki pożar w 1921 roku.

Zamek w Gniewie

Do odbudowy przystąpiono dopiero w latach 1968-1974, przywracając mu dawny wygląd oraz potęgę. Dziś należy do najwspanialszych średniowiecznych twierdz w Polsce.

Zamek Gniew Sp. z o.o., ul. Zamkowa 3, Gniew, tel. 58 535 25 37, czynne w godz. 9-17 (oprócz poniedziałku). Zwiedzanie Muzeum Archeologicznego, tel. 58 535 35 33 lub 29.

 **www.zamek-gniew.pl**

Posłuchaj Karola

Wyobraź sobie, że tutejsze turnieje są niemal identyczne jak te rozgrywane w średniowieczu! Konni rycerze z 16 krajów szarżują na siebie z drewnianymi kopiami, aby zrzucić przeciwnika z wierzchowca. Fajne jest też to, że przez całe wakacje, codziennie o godz. 11.45, na zamku strzelają z XVII-wiecznej armaty. Nazywa się to „salwa armatnia na Anioł Pański". Można się wtedy zaciągnąć do zamkowej artylerii i wziąć udział w ładowaniu armaty. Po wystrzale wszyscy odmawiają modlitwę Anioł Pański.

Waza kontra Waza

Gniew słynie z turniejów konnych. Na przełomie lipca i sierpnia odbywa się tu Międzynarodowy Konny Turniej Rycerski Króla Jana III Sobieskiego. W połowie sierpnia natomiast zamek wzywa na wielkie historyczne wojowanie pod hasłem „Vivat Vasa! Bitwa Dwóch Wazów". Odtwarzany jest wówczas epizod z wojny pruskiej z 1626 roku, kiedy to na polu bitwy pod Gniewem starły się wojska dwóch władców z rodu Wazów: polskiego króla Zygmunta III Wazy oraz szwedzkiego monarchy i Gustawa II Adolfa.

GRUNWALD – NAJWIĘKSZA BITWA RYCERSKA W POLSCE

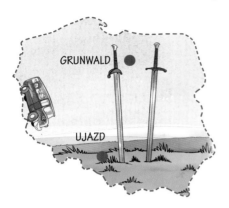

O świcie 15 lipca 1410 roku armia zakonu krzyżackiego wspomagana przez najlepszych rycerzy z całej zachodniej Europy miała zadać śmiertelny cios Polsce i Litwie – rzucić oba państwa na kolana i odebrać im cenne tereny. Tego samego dnia wieczorem pierwszych zbiegów z pola bitwy, którzy przywieźli do Malborka wieść o klęsce, na dworze wielkiego mistrza zakonu krzyżackiego potraktowano jak szaleńców. Na szczęście dla Polaków uciekinierzy nie zwariowali. Wspaniała krzyżacka armia została pokonana, wielki mistrz poległ. Klęska była kompletna i straszliwa. Kwiat zachodniego rycerstwa oddał życie na polach pod Grunwaldem. Polska i Litwa podjęły zaś marsz na Malbork.

Od kilkunastu lat pasjonaci historii organizują rekonstrukcję bitwy. Z roku na rok przybywa i chętnych do udziału w starciu, i publiczności. W 2010 roku w inscenizacji wzięło udział przeszło 2000 rycerzy z Polski, Litwy, Czech, Białorusi i krajów zachodniej Europy, a ich zmagania obserwowało ponad 200 tysięcy widzów! Takiej frekwencji nie miała jeszcze żadna impreza rycerska.

W okolicy nie ma miasteczka ani warownego zamku, dlatego na miejscu nie ma czego zwiedzać, nie licząc oczywiście maleńkiego i raczej nieciekawego muzeum.

Rekonstrukcja bitwy pod Grunwaldem

www.grunwald600.pl
www.grunwald.warmia.mazury.pl
www.grunwald1410.pl

UJAZD – NOCNA BITWA ZE SZWEDAMI

Jeśli wierzyć organizatorom, to podczas tytułowej bitwy o zamek Krzyżtopór na ziemi świętokrzyskiej zużywa się nawet 200 kg prochu. Nic dziwnego, skoro grzmi co najmniej 15 armat, kilkadziesiąt muszkietów i pistoletów. Turniej Rycerski o Szablę Krzysztofa Baldwina Ossolińskiego, którego częścią jest owa bitwa, rozgrywa się w Ujeździe od 1997 roku. Oprócz scen walk można tu obejrzeć życie w obozie wojskowym, przeglądy i musztrę oddziałów, zabawy ludowe z XVII wieku, jarmark i produkcję ołowianych pocisków do broni palnej. Potyczkę ze Szwedami toczoną w najpiękniejszych ruinach w Polsce kończy pokaz sztucznych ogni. Naprawdę, warto raz w roku zarwać noc, by być świadkiem tych niezwykłości.

Instytucja Kultury „Zamek Krzyżtopór w Ujeździe", Ujazd 73, Iwaniska, tel. 15 860 11 33, czynne codziennie od kwietnia do września w godz. 8-20, od października do marca w godz. 8-16.

 www.krzyztopor.org.pl

Zamek Krzyżtopór

SANDOMIERZ – RYCERZE NA STARÓWCE

Barwne przemarsze szlacheckich pocztów, korowody szlachcianek, pochód rycerzy, popisy grajków, kuglarzy, bardów i minstreli. A kto to taki? Zagoń rodziców do książek albo do Internetu, to wszyscy się dowiecie!

Sandomierz organizuje w lipcu doroczny Międzynarodowy Turniej o Miecz Zawiszy Czarnego z Garbowa. Ten najsłynniejszy polski rycerz i jeden z najlepszych wojowników średniowiecznej Europy urodził się niedaleko Sandomierza, w niewielkim Garbowie. Na jego cześć urządza się potyczki rycerskie, pokazy dawnej artylerii, prezentacje walk pikinierów czy halabardników. A wszystko to w pięknym otoczeniu sandomierskiej Starówki i Rynku.

 **www.sandomierz.pl**

KRAKÓW – TURNIEJE DLA DZIECI

Impreza jest kameralna, choć należy spodziewać się na niej tłumów – jak to w Krakowie. Turnieje rycerskie wyprawiane są z myślą o najmłodszych raz w miesiącu, od maja do października. Najpierw dostojny orszak rusza z Rynku Głównego, z pałacu Krzysztofory, ul. Floriańską, przez Bramę Floriańską na dziedziniec Barbakanu. Tam rycerze pojedynkują się, a damy dworu tańczą przy średniowiecznej muzyce (najodważniejsi spośród widzów też mogą tego spróbować). Organizatorzy przygotują scenki teatralne, które przybliżają dzieciom realia życia w dawnych wiekach, pomagając zrozumieć świat znany z filmów i opowieści.

Informacje o imprezie: Barbakan i Mury Obronne, ul. Basztowa, Kraków, tel. 12 422 98 77, 12 619 23 20, czynne codziennie od kwietnia do października w godz. 10.30-18.

 www.mhk.pl/oddzialy/barbakan

Pojedynek rycerski na Barbakanie

GRODZIEC – BITWA O ZAMEK

Grodziec na Dolnym Śląsku to niewielka warownia dosłownie ukryta w gęstych lasach, mimo że zbudowano ją na szczycie sporego wzniesienia. Budowla jest ciekawa, groźnie wygląda i osobom o bujnej wyobraźni pozwala bez trudu przenieść się w czasie o kilka wieków. Co roku w lipcu odbywa się tutaj Legnicko-Brzeski Turniej Rycerski o Srebrny Pierścień Kasztelana Zamku Grodziec. W programie są widowiskowe pojedynki na miecze, zawody łuczników i kuszników, a także pokazy średniowiecznej broni palnej – hakownic, taraśnic i hufnic. Kulminację imprezy stanowi wielka bitwa o zamek.

Zakład Usług Turystycznych „Zamek Grodziec", tel. 76 877 44 52, czynne codziennie przez cały rok. Aktualne godziny zwiedzania zamku najlepiej sprawdzić w Internecie.

 **www.grodziec.com**

ŚLĄSKIE WAROWNIE – NAPOLEON IDZIE!

W Nysie oraz w Kędzierzynie-Koźlu mieli już dosyć rycerzy, postawili więc na rekonstrukcje bitew i potyczek sprzed „zaledwie" 200 lat. Na początku XIX wieku cesarz Francuzów Napoleon Bonaparte toczył wojny niemal ze wszystkimi państwami Europy (i przez długi czas miażdżąco je wygrywał). Wydarzenia z tamtych lat można obejrzeć podczas dorocznych inscenizacji bitew, kiedy to w walce równie ważne jak szabla bywały bagnety, karabiny i armaty. Rozgrywają się one w murach starych fortów i twierdz. W imprezie biorą udział setki żołnierzy ubranych w stroje z epoki. Jest więc na co popatrzeć! Jeśli zaś komuś tęskno do stare sprzed 500 lat, zapraszamy do Byczyny – tam królują rycerze, miecze i zbroje.

 www.dni.twierdzanysa.pl
www.twierdzanysa.com
www.kedzierzynkozle.pl
www.byczyna.pl

„Gdzie mieszka bajeczka"

Bajkowe miasteczka, krainy krasnoludków, ogrody elfów – to naprawdę fajne miejsca. Oczywiście, wiadomo, że poważni 8-letni odkrywcy albo 10-letni podróżnicy absolutnie nie wejdą do takiej dziecinady. To byłoby poniżej ich godności. Za to ich młodsze rodzeństwo wręcz przeciwnie. I o to właśnie chodzi! Żeby każdy, nawet brzdąc, znalazł coś dla siebie. Jeśli zgadzasz się, że atrakcje dla maluchów też są potrzebne, skorzystaj z nich razem z nami. Przypomnisz sobie, jak to było, gdy miałeś 5 lat i chowałeś się pod stół przed Babą-Jagą. Namawiamy cię na spotkanie po latach z bohaterami baaardzo wczesnego dzieciństwa.

MIĘDZYGÓRZE – OGRÓD BAJEK Z CZASÓW PRADZIADKÓW

MIĘDZYGÓRZE

Malutkie miasteczko leżące w malowniczej dolinie jest siedzibą najstarszego w Polsce, bo mającego 80 lat, Ogrodu Bajek. Najlepiej dojechać do niego od strony Bystrzycy Kłodzkiej lub Stronia Śląskiego, a z centrum pokierować się żółtym szlakiem turystycznym. Miejsce kryje się w gęstym, pachnącym żywicą iglastym lesie. W czarodziejskim wręcz otoczeniu czekają domki oraz rzeźby bajkowych bohaterów (uwaga, oglądamy je oczami, nie rękoma!). Najmłodsi odkrywcy spotkają się tu z Gargamelem, Kotem w Butach, Muminkami, Pinokiem, Czerwonym Kapturkiem, a nawet z Myszką Miki buszującą w okolicy kopii słynnego zamku Walta Disneya. Odważni mogą zajrzeć do domku Baby-Jagi i obejrzeć zaklęte przez nią zwierzęta. Kto rozpozna wszystkich bohaterów z dobranocek i książek, powinien wyruszyć na kilkunastominutowy spacer czerwonym szlakiem do pobliskiego **wodospadu Wilczki** (przyda się dobre obuwie). Na piechurów czeka fascynujący widok kaskady wody spadającej z wysokości 25 m. Najmłodsze dzieci radzimy mocno trzymać za rękę – trasa staje się w pewnym miejscu dość trudna i stroma.

Ogród Bajek, Oddział PTTK im. dra Mieczysława Orłowicza, Międzygórze, tel. 74 813 51 95, czynne od maja do września w godz. 10-18, od października do kwietnia w godz. 10-16.

 www.pttkmiedzygorze.ta.pl

Informacje praktyczne

Ogród Bajek leży między szczytami Toczek i Igliczna. Można przejść na Igliczną (ok. 40 min) i odpocząć w sanktuarium Matki Bożej Śnieżnej lub w pobliskim schronisku „Maria Śnieżna". Warto coś zjeść przed powrotem do Międzygórza.

Ogród Bajek w Międzygórzu

NOWA SÓL – NA CZEŚĆ KRASNALA: HIP, HIP, HURRA!

NOWA SÓL

KUDOWA-ZDRÓJ

Park Krasnala założono w 2008 roku niedaleko przystani kajakowej. Znają go dobrze najmłodsi z całej okolicy, czasami na parkingu nieopodal parku trudno przecisnąć się między szkolnymi autokarami. Na dzieci czekają tu m.in. postaci z bajek, kolorowe huśtawki, zjeżdżalnie, wiklinowe domki i labirynty, a także wielkie modele dzikich zwierząt – goryla, słonia oraz żyrafy. Można tutaj pojeździć na małych gokartach albo zaszyć się z ulubioną książką w wiklinowej altance czy po prostu poszaleć na placu zabaw. Pilnuje go Soluś – największy krasnal świata, który mierzy 541 cm. Jeśli rodzice zaopatrzą się w przydrożnym sklepiku w kiełbaski i węgiel drzewny, upitrasicie pyszną przekąskę na jednym z ustawionych na terenie ogrodu grillów. Władze miasta przymierzają się do budowy Muzeum Krasnala.

Park Krasnala, al. Wolności 19, Nowa Sól, tel. 68 415 66 69, czynne w sezonie letnim w godz. 9-21, zimą od godz. 8 do zmroku; wejście jest bezpłatne.

 www.park-krasnala.pl

JESTEŚ O KROK

- **Bytom Odrzański** – tylko kilka minut jazdy z Nowej Soli. Urocze i bardzo stare miasteczko, malowniczo przycupnięte nad Odrą. Warto odnaleźć **kościół św. Hieronima**. W narożniki jego wieży wmurowano kilka krzyży pokutnych. To świadectwo niezwykłych zwyczajów sprzed setek lat: gdy ktoś zamordował człowieka, mógł uniknąć kary, jeśli przebłagał rodzinę zabitego, wypłacił odszkodowanie i dawał pieniądze na utrzymanie osieroconych dzieci. Oprócz tego musiał ufundować krzyż pokutny z wizerunkiem przedmiotu, który posłużył do zabójstwa, np. włóczni, i wmurować go w ścianę świątyni.

- **Zielona Góra** – warto przyjechać tu jesienią, gdy odbywa się winobranie i organizowane są kolorowe festyny, imprezy sportowe, koncerty. Dzieci, oczywiście, nie spróbują wina, ale w ulicznych zabawach, konkursach i maskaradach zapewne chętnie wezmą udział.

KUDOWA-ZDRÓJ – ZABAWKI I BAJKI POD JEDNYM DACHEM

Muzeum Zabawek „Bajka" w Kudowie-Zdroju

Muzeum Zabawek „Bajka" działa od grudnia 2002 roku. Bohaterowie bajek filmowych są przedstawieni w scenografii znanej z kina i telewizji. Na rozbójnika Rumcajsa gajowy zastawia zasadzkę, lalka Barbie robi zakupy, a rybak zagaduje złotą rybkę. Jest nawet kolekcja dziadków do orzechów, które czekają na coś twardego do schrupania. Dziewczyny znajdą tu lalki z całego świata i z różnych lat – od XIX wieku do współczesności, a chłopaki – kolekcje samochodów, kolejek, zabawek elektrycznych i nakręcanych.

Muzeum Zabawek „Bajka", ul. Zdrojowa 46 b, Kudowa-Zdrój, tel. 74 866 49 70, czynne codziennie od listopada do marca w godz. 10-16.30, od kwietnia do października w godz. 9-18.

 www.kudowa.zdroj.pl/bajka

JESTEŚ O KROK

• **Walim** – Muzeum Sztolni Walimskich (zob. s. 115-116).

• **Głuszyca-Osówka** – podziemne miasto z czasów II wojny światowej (zob. s. 114-115).

• **Czermna** – Szlak Ginących Zawodów, placówka prowadzona przez Urszulę i Bogusława Gorczyńskich, przybliża zapomniane lub wymierające profesje.
www.kudowa.zdroj.pl/wiatrak

• **Srebrna Góra** – twierdza (zob. s. 116, 117).

PACANÓW – EUROPEJSKIE CENTRUM BAJKI

Placówka uczy najmłodszych przez zabawę oraz podpowiada nauczycielom, jak w ciekawy sposób wprowadzać dzieci w świat literatury. Wycieczkowicze mogą odwiedzić muzeum, bibliotekę z czytelnią i księgarnią, obejrzeć w sali kinowej film lub przedstawienie teatralne. Budynek otoczono ogrodem z altanami, a nad stawem umieszczono amfiteatr. Największą atrakcją jest interaktywna wystawa „Bajkowy świat". Odbywają się tu także Dziecięce Spotkania z Komiksem (maj), Festiwal Kultury Dziecięcej (czerwiec), Targi Edukacyjne „Rodzina to Siła" (wrzesień) i inne fantastyczne imprezy.

Europejskie Centrum Bajki im. Koziołka Matołka w Pacanowie ma ambicję stać się polską i europejską stolicą bajek.

Europejskie Centrum Bajki im. Koziołka Matołka,
ul. Kornela Makuszyńskiego 1, Pacanów, tel. 41 376 50 79,
czynne od wtorku do niedzieli w godz. 9-17.

 www.stolica-bajek.pl

Turyści zwiedzający wystawę „Bajkowy świat"

KALETNIK – MOC BAJEK I BAJEK MOC

Tutejszy Ogród Bajek to kilka klimatycznych drewnianych domków, malowniczo ustawionych wśród augustowskiej zieleni, oraz ciekawy plac zabaw. Ogród zamieszkują bajkowe i zwierzęce postaci, np. uśmiechnięte sarenki, znane z przydrożnych sklepów z krasnalami ogrodowymi. Prawdopodobnie każdy malec chciałby mieć coś podobnego na swoim po-

dwórku, ale nie marzy o tym zbyt wielu rodziców. Ciekawie wygląda natomiast Ogród Medytacji założony w otoczeniu stuletnich lip i dębów. Zaaranżowano w nim kamienny krąg oraz zaciszne miejsca do skupienia i odprężenia dla całej rodziny. Można tu nie tylko wypocząć, ale także poczuć prawdziwą moc i energię przyrody.

Ogród Bajek „Sowa", Kaletnik 81, koło Szypliszek, tel. 518 439 093, czynne od wiosny do jesieni w godz. 10-18.

 www.ogrodbajek.pl

ZATOR – MIKOŁAJ SĄSIADEM DINOZAURÓW

O wspaniałym Parku Dinozaurów założonym w Zatorze wspominaliśmy kilka rozdziałów wcześniej (zob. s. 80-81). Kto nie lubi zębatych potworów, powinien odwiedzić tę miejscowość zimą i wpaść do Parku Świętego Mikołaja (pięknie oświetlonego o zmierzchu). Można tu spotkać elfy pomagające przy pakowaniu prezentów, najprawdziwsze renifery: Kometka i Rudolfa, a także złożyć wizytę w domku Mikołaja. Aby zasłużyć na prezent, wycieczkowicze uroczyście spisują na kartce swoje brzydkie postępki i palą je w wielkim Kotle Złych Uczynków. Dzieciom pomagają w tym diabełki, które już dawno postanowiły być dobre, bo same wyzbyły się w ten sposób swoich grzeszków. Poza tym warto obejrzeć żywą szopkę i skorzystać z magicznej wyrzutni gwiazdek, by posłać

do nieba własną gwiazdkę z najskrytszym życzeniem. Przez las biegnie Zaczarowana Ścieżka, wzdłuż której czekają na najmłodszych postacie znane z bajek.

Park Świętego Mikołaja, ul. Parkowa 8, Zator, tel. 667 979 220, czynne od 20 listopada do 28 lutego od poniedziałku do piątku w godz. 10-17, w weekendy w godz. 11-18; rezerwacje dla grup zorganizowanych tel. 601 858 851. Park jest przystosowany do zwiedzania przez osoby niepełnosprawne.

 www.parkmikolaja.pl

ŁÓDŹ – STOLICA POLSKICH BAJEK FILMOWYCH

Posłuchaj Karoliny i Karola

Rodzice namawiali nas na wycieczkę do muzeum bajek, na co ani ja, ani Karol nie mieliśmy specjalnie ochoty, bo przecież jesteśmy duzi. W końcu się zgodziliśmy, skoro przekonywali, jakie wspaniałe postacie poznamy i jak wiele dowiemy się o sztuce filmowej. I wiesz co? Gdy tylko weszliśmy do środka, mama i tata zaczęli wzdychać z zachwytu. I pokazywali sobie przy tym jakieś koszmarki, które nazywali Jacek i Agatka czy Gąska Balbinka. To był podstęp, to wcale nie miała być wycieczka dla nas, tylko dla nich!

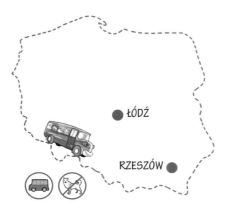

W Łodzi od lat 60. XX wieku działa studio filmowe „Se-Ma-For", które specjalizuje się w produkcji filmów animowanych, zwłaszcza lalkowych. To właśnie tutaj powstały takie hity, jak *Miś Uszatek*,

Przygody Misia Colargola, *Przygody kota Filemona*, *Mały Pingwin Pik-Pok* czy *Zaczarowany ołówek*.

W muzeum działającym przy wytwórni dzieci obejrzą bohaterów znanych dobranocek oraz niektóre elementy scenografii, np. pokój Misia Uszatka, w którym opowiadał swoje przygody, a potem kładł się wcześnie spać. Dowiedzą się także, jak powstają lalki, w jaki sposób kręci się filmy animowane, jakiego używa się do tego sprzętu i jak wygląda poruszanie lalkami. To naprawdę fascynujące! Niejeden malec podbierał potem kamerę cyfrową rodzicom i we własnym pokoju nagrywał filmy z udziałem swych ukochanych pluszaków.

Muzeum Bajki „Se-Ma-For", ul. Targowa 1/3 B. 24, Łódź, tel. 42 681 54 74, czynne we wtorek, środę, piątek, sobotę i niedzielę w godz. 10-16, w czwartek w godz. 12-18, w poniedziałek tylko dla grup zorganizowanych; zwiedzanie ekspozycji z przewodnikiem oraz projekcja filmowa trwają 1,5 godz., należy wcześniej uzgodnić termin wizyty.

 **www.se-ma-for.com/muzeum**

RZESZÓW – WSZYSTKIE DOBRANOCKI ŚWIATA

Zgromadził kilkanaście tysięcy eksponatów. Dzięki temu w Muzeum Dobranocek zamieszkały m.in. postaci Bolka i Lolka, Koziołka Matołka, Reksia, Misia Uszatka. Rodzice i dziadkowie znajdą tu swoich idoli z dzieciństwa: Jacka i Agatkę, Gąskę Balbinkę, Gucia i Cezara, Plastusia, Gapiszona, Słonia Dominika, Piaskowego Dziadka. Są tutaj także oryginalne lalki, które zagrały w filmach kukiełkowych, np. Plastuś, Miś Colargol i jego przyjaciele – Kruk i Szczurek Hektor.

Muzeum powstało z nietypowego powodu. Otóż postacie i pamiątki z dobranocek zaczęły zasypywać mieszkanie pana Wojciecha Jamy. Nie było rady, ich właściciel musiał otworzyć muzeum w jakimś przestronniejszym budynku. I tak się właśnie stało. Pan Wojciech Jama od ponad 30 lat kolekcjonuje przedmioty związane ze starymi bajkami – nie tylko figurki dobranockowych bohaterów, ale i zabawki, gry planszowe, puzzle, książki, komiksy, zestawy slajdów, projektory do wyświetlania przezroczy, filmy, a także płyty winylowe ze słuchowiskami z czasów, gdy o DVD i wideo nikomu się nawet nie śniło.

Muzeum Dobranocek ze zbiorów Wojciecha Jamy, ul. Słowackiego 8, Rzeszów, tel. 17 852 57 15, czynne od wtorku do piątku w godz. 9-15.30, w weekendy w godz. 9-16.30. Grupy proszone są o rezerwację.

www.muzeumdobranocek.com.pl

Gwiezdne podróze

Niestety, do gwiazd mamy za daleko, aby odbyć w ich kierunku wakacyjną podróz. To nie znaczy jednak, ze nie mozemy przyjrzeć im się z bliska. Takim spotkaniom z pozaziemską rzeczywistością słuzą *planetaria*, czyli miejsca, gdzie zdjęcia i obrazy kosmosu wyświetla się na powierzchni wielkiej kopuły. W ten sposób widzowie mają wrazenie, ze siedzą pod prawdziwym niebem, tylko znacznie blizej gwiazd i planet. Planetariów w Polsce jest kilka, więc na pewno któreś z nich wybierzesz.

AUTOBUSEM NA PODBÓJ KOSMOSU

Planetarium to sala z sufitem w kształcie półkolistej kopuły, na której specjalny projektor wyświetla obrazy kosmosu, wszechświata, układów słonecznych, a także zjawisk astronomicznych i atmosferycznych. Można w nim obserwować o dowolnej godzinie, nawet w środku dnia, wygląd gwiaździstego nieba z każdego miejsca na Ziemi, np. nieboskłon nad półkulą południową, którego na co dzień nie widzimy.

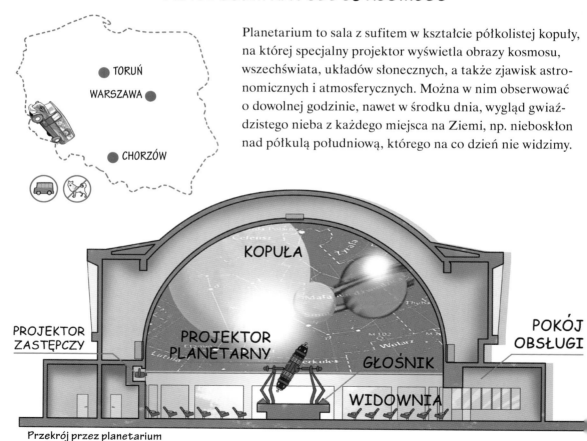

Przekrój przez planetarium

Warszawa – planetarium najnowocześniejsze

Planetarium w warszawskim Centrum Nauki Kopernik powstaje nad samą Wisłą i otworzy swe podwoje w 2011 roku. Zaprojektowano je tak, że z zewnątrz wygląda jak gigantyczny głaz leżący na brzegu rzeki. Ma kopułę o średnicy 16 m (czyli będzie drugim co do wielkości w Polsce, tuż po Chorzowie). Zainstalowano tu najnowocześniejszą w Europie aparaturę do wyświetlania map nieba, trójwymiarowych obrazów i filmów przedstawiających amazońską dżunglę czy głębiny oceanu. W planetarium będą się odbywać seanse astronomiczne i filmowe, spektakle, a także koncerty.

Centrum Nauki Kopernik to wspaniała placówka naukowa – połączenie muzeum, biblioteki, laboratoriów i ośrodka wynalazków. Tu wolno, a nawet trzeba, dotykać eksponatów! Każdy może wziąć udział w doświadczeniach i eksperymentach.

Centrum Nauki Kopernik, ul. Wybrzeże Kościuszkowskie 20, Warszawa, tel. 22 596 41 00, czynne od wtorku do piątku w godz. 9-18, w weekendy 10-19. Grupy zorganizowane proszone są o wcześniejszą rezerwację.

 **www.kopernik.org.pl**

Toruń – planetarium prawie najnowocześniejsze

Do czasu wybudowania warszawskiego Centrum Nauki Kopernik planetarium toruńskie było najnowocześniejszą placówką tego typu w Polsce. Może pomieścić aż 196 widzów, a kopuła, w której wyświetlane są seanse, ma 15 m średnicy. Obiekt słynie ze wspaniałych pokazów przygotowanych tak, by każdy znalazł tu coś dla siebie. Prezentowane są programy dla dzieci w różnym wieku – od czterolatków po maturzystów. Nic dziwnego, że wycieczki z przedszkoli i szkół z całej Polski walą tu drzwiami i oknami. No dobrze, z tymi oknami przesadziliśmy – planetarium to budynek, w którym przecież nie ma okien!

W Toruniu można obejrzeć seanse złożone z fascynujących filmów, zdjęć i animacji komputerowych, dowiedzieć się, jakie przygody miała Łajka, czyli pies, który jako pierwszy poleciał w kosmos, czy Gwiazda Betlejemska istniała naprawdę oraz jakie są najcieplejsze i najzimniejsze miejsca we wszechświecie.

Pokazów jest oczywiście więcej, a wszystkie informacje na ich temat znajdują się w Internecie. Jedną z największych atrakcji jest **Sala Orbitarium**. Można się w niej poczuć jak w centrum kontroli lotów kosmicznych. Zwiedzającym wolno siadać przy pulpitach sterowniczych i kierować misją wysłania sondy Cassini na księżyc Saturna – Tytan. To nie żadna gra komputerowa – tak naprawdę steruje się sondą kosmiczną! Ale odjazd, co?

Planetarium im. Władysława Dziewulskiego, ul. Franciszkańska 15/21, Toruń, tel. 56 622 60 66. Informacje o godzinach otwarcia można uzyskać telefonicznie. Grupy zorganizowane proszone są o wcześniejszą rezerwację.

 **www.planetarium.torun.pl**

Gwiazdozbiory

Chorzów – planetarium największe

Ekran sztucznego nieba tworzy tu kopuła o średnicy 23 m – to największy tego typu obiekt w Polsce, a jednocześnie najstarszy, bo powstał w 1955 roku, oczywiście dla uczczenia Mikołaja Kopernika. Na widowni mogącej jednocześnie pomieścić prawie 400 osób można oglądać seanse astronomiczne, geograficzne i przyrodnicze. Odbywają się tu odczyty, lekcje astronomii i geografii, a także spektakle. Multimedialne pokazy przybliżają loty statków kosmicznych, zapoznają z zakątkami wszechświata, wyjaśniają, jak powstał kosmos, czym był Wielki Wybuch, jak obiekty wędrują nocą po niebie, czy Ziem naprawdę zagrażają głazy i meteoryty. Chorzowskie obserwatorium astronomiczne, które znajduje się w tym samym budynku, ma największą w Polsce lunetę z 30-centymetrowym obiektywem oraz kilka mniejszych teleskopów.

Dodatkową atrakcją dla zwiedzających są zegary słoneczne, stacja klimatyczna do badania zmian w pogodzie oraz sejsmologiczna – do śledzenia trzęsień ziemi.

Planetarium i Obserwatorium Astronomiczne im. Mikołaja Kopernika, al. Planetarium 4, Chorzów, tel. 32 250 65 84. Informacje o godzinach otwarcia można uzyskać telefonicznie lub na stronie internetowej. Możliwa jest internetowa rezerwacja dla grup zorganizowanych.

 www.planetarium.chorzow.net.pl

Planetaria funkcjonują też w innych polskich miastach:

• **Olsztyn** (średnica kopuły 15 m, 160 miejsc na widowni).

www.planetarium.olsztyn.pl

• **Warszawa**, **Muzeum Techniki** (średnica kopuły 8 m, 34 miejsca). www.muzeum-techniki.waw.pl

• **Gdynia** (średnica kopuły 8 m, 44 miejsca).

www.am.gdynia.pl, www.frwsm.com.pl

• **Grudziądz** (średnica kopuły 6 m, 36 miejsc).

www.grudziadz.planetarium.pl

• **Frombork** (średnica kopuły 8 m, 80 miejsc).

www.frombork.art.pl

SZLAK KOPERNIKOWSKI

Posłuchaj Karola

Był ktoś taki, kto wstrzymał Słońce i ruszył Ziemię. Nazywał się Mikołaj Kopernik i żył 500 lat temu. Urodził się w Toruniu w 1473 roku. Zapewne zostałby kupcem jak jego ojciec i nigdy byśmy o nim nie słyszeli, gdyby nie pomysł bogatego wuja, Łukasza Watzenrode. Kiedy został on biskupem, postanowił posłać siostrzeńca na studia i wykształcić na duchownego. Studia były wtedy bardzo drogie i nie każdy mógł sobie na nie pozwolić. Na szczęście wuj za wszystko zapłacił. Podczas nauki w Krakowie, a potem w Padwie i Bolonii we Włoszech, chłopak zainteresował się astronomią, czyli nauką o budowie wszechświata...

Posłuchaj Karoliny

...dobra, teraz ja! Ty byś gadał i gadał! W czasach, gdy żył Kopernik, większość ludzi sądziła, że Ziemia to nieruchomy płaski placek, który siedzi w środku wszechświata, a wokół niej krążą Słońce, gwiazdy i planety. Ci, którzy wierzyli, że jest okrągła, też uważali, że się ona nie porusza. Nawet gdy jakiś uczony podejrzewał, że Ziemia krąży wokół Słońca, to nie potrafił tego naukowo udowodnić. A Kopernikowi się to udało. Napisał księgę *O obrotach sfer niebieskich*, w której wyjaśnił swe badania i obliczenia. W ten sposób ludzie dowiedzieli się, że Ziemia nie jest pępkiem świata. Nasz rodak dokonał jednego z największych odkryć naukowych w dziejach ludzkości.

Trasa Szlaku Kopernikowskiego

Przebiega przez miejscowości, w których żył, pracował lub w których bywał nasz wielki astronom. Odwiedzając je, odbędziesz prawdziwą podróż w czasie – wprost do średniowiecza.

• **Olsztyn**. Mikołaj Kopernik pracował tu jako administrator kościelnych majątków, a podczas wojny polsko-krzyżackiej (1519-1521) został mianowany dowódcą obrony miasta. Okazało się wtedy, że jest doskonałym znawcą spraw wojskowych. Tak dobrze zorganizował obronę olsztyńskiego zamku i grodu, że Krzyżacy podczas próby oblężenia ponieśli dotkliwe straty.

• **Lidzbark Warmiński**. W tutejszym wspaniałym zamku mieszkał jako sekretarz i osobisty lekarz swego wuja, biskupa Łukasza Watzenrode. W tej niezdobytej twierdzy biskup gromadził kolekcje ksiąg, a także dzieł sztuki.

• **Kwidzyn**. Mikołaj Kopernik wraz ze swym nauczycielem Mikołajem Wodką skonstruowali tu zegar słoneczny.

Zamek w Olsztynie

Bazylika archikatedralna Wniebowzięcia Najświętszej Maryi Panny i św. Andrzeja Apostoła we Fromborku

Kraków Kopernika

*Kraków nie leży na Szlaku Kopernikow-
skim, a jednak wiele tu miejsc związanych
z naszym wielkim rodakiem. Astronom
uczył się w Collegium Maius, na Wawelu
bywał jako kościelny urzędnik i gość króla, w kościele św. Anny codziennie się
modlił, a w kanonii na Stradomiu prawdopodobnie mieszkał podczas studiów.
W muzeum na Uniwersytecie Jagiellońskim znajdują się średniowieczne in-
strumenty astronomiczne oraz oryginalne wydanie dzieła Kopernika*
O obrotach sfer niebieskich. *Rękopis
jest niezwykle cenny, dlatego przecho-
wuje się go w skarbcu.*

• Kolejne miasta na Szlaku Kopernikowskim, w których astronom często gościł, to: **Pieniężno**, **Braniewo**, **Elbląg**, **Kępki**, **Malbork**, **Toruń**, gdzie się urodził, a także **Frombork**, w którym przez wiele lat mieszkał, prowadził swe najważniejsze badania, a po śmierci został pochowany w podziemiach tutejszej katedry.
Szlak liczy prawie 400 km. Najlepiej wybrać się w taką podróż samochodem i poświęcić weekend na obejrzenie wybranych miejsc. Gdyby ktoś chciał zwiedzić wszystkie miasta, musiałby zarezerwować na to co najmniej tydzień. To nawet niezły pomysł – wakacje z Kopernikiem…

www.krakow.pl
www.muzeum.olsztyn.pl
www.frombork.net
www.frombork.art.pl
www.domwarminski.pl
www.szlaki.mazury.pl

TORUŃ – ŚREDNIOWIECZE I PIERNIKI

Toruń, rodzinne miasto Mikołaja Kopernika, kryje wiele atrakcji i pamiątek po wielkim astronomie. Koniecznie trzeba zwiedzić dom, w którym się urodził. To ogromna i piękna kamienica, przypominająca warowny zamek (taki styl budowania obowiązywał w dawnych czasach). Odtworzono w niej wnętrza kupieckiego mieszkania sprzed 500 lat. Znajduje się tu także muzeum poświęcone uczonemu oraz wspaniała makieta Torunia z XV wieku. W podziemiach kamienicy obejrzysz ekspozycję słynnych toruńskich pierników. Ba! Będziesz mógł nawet wziąć udział w ich wypieku.
Później koniecznie musisz udać się na Stare Miasto, które niewiele zmieniło się od czasów, kiedy żył tu mały Mikołaj. Przy wielkim rynku stoją bajeczne zabytkowe gmachy: **Dwór Artusa**, **Ratusz Staromiejski**, kościół **Świętego Ducha** i **stara poczta** podobna do posępnego zamczyska. Starówka otoczona jest murami obronnymi, które w dawnych czasach chroniły Toruń przed najeźdźcami. Warto także zwiedzić **katedrę św. Jana Chrzciciela i św. Jana Ewangelisty** – Kopernik uczył się jako chłopiec w szkole działającej w jej murach. Katedra budowana

przez 200 lat znana jest z dzwonu Tuba Dei (Trąba Boża). Ten kolos ważący 7,5 tony został odlany w 1500 roku i przetransportowany na szczyt wieży po ogromnej pochylni z drewna, długości 800 m (mieszkańcy Torunia nigdy wcześniej nie oglądali tak wielkiej konstrukcji).

• Muzeum Okręgowe – Dom Mikołaja Kopernika, ul. Kopernika 15/17, Toruń, tel. 56 622 70 38, czynne od wtorku do niedzieli od stycznia do kwietnia w godz. 10-16, od maja do września 10-18, od października do grudnia 10-16.

• Żywe Muzeum Piernika, ul. Rabiańska 9, Toruń, tel. 56 663 66 17, czynne codziennie w godz. 9-18 (pokazy rozpoczynają się o pełnej godzinie).

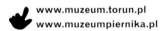
www.muzeum.torun.pl
www.muzeumpiernika.pl

Posłuchaj Karoliny i Karola

I wreszcie na deser zostawiamy pierniki. Koniecznie musisz odwiedzić Żywe Muzeum Piernika, by obejrzeć pokaz przyrządzania i pieczenia tego toruńskiego przysmaku, znanego od setek lat w całej Europie. Poznasz tu prastare przepisy na pierniki, samodzielnie przygotujesz ciasto i je wypieczesz. Przekonasz się, że własnoręcznie zrobione łakocie mają niepowtarzalny smak.

Ratusz Staromiejski w Toruniu

Wszystkie stolice Polski

Z araz, zaraz... jak to: wszystkie stolice? To ile ich było? Zdawało ci się, że nastąpiła jakaś pomyłka, co? Rzeczywiście, Polska miała kilka stolic i teraz odwiedzimy je wszystkie w ekspresowym tempie. Ruszamy!

STOLICA PIERWSZA – OSTRÓW LEDNICKI

Pozostałości palatium (pałacu) na Ostrowie Lednickim

Wyspę zamieszkiwano już 2000 lat p.n.e. Jednak największego znaczenia nabrała, gdy książę Mieszko I postanowił zbudować nowoczesne państwo polskie i przyjął wraz z całym narodem chrzest. Zaczęto wtedy wznosić kościoły, w których miano wyznawać nową religię. W latach 950-980 na Ostrowie Lednickim powstały: siedziba książęca, murowany kościół, kaplica z basenami, mury obronne oraz dwa olbrzymie mosty łączące Ostrów z brzegami Jeziora Lednickiego.

Dziś ruiny tych budowli można oglądać na wyspie w **Muzeum Pierwszych Piastów na Lednicy**. Dodatkową atrakcją jest to, że płynie się na nią małym promem.

Muzeum Pierwszych Piastów na Lednicy, Dziekanowice 32, Lednogóra, tel. 61 427 50 10, czynne od 1 kwietnia do 31 października. Aktualne godziny zwiedzania najlepiej sprawdzić w Internecie.

www.lednicamuzeum.pl

Kto przeniósł stolicę?

Prawdopodobnie to książę Mieszko I, który miał do dyspozycji kilka okazałych grodów z zamkami i kościołami, uznał Gniezno za najlepsze miejsce na swoją siedzibę. Wiadomo, że w roku 991, a więc na rok przed śmiercią dzielnego władcy, było już ono oficjalną stolicą Polski.

STOLICA DRUGA – GNIEZNO

W 1000 roku w Gnieźnie odbył się słynny zjazd władców Polski i Niemiec, utworzono tu wtedy arcybiskupstwo i metropolię. Oznaczało to, że Polska jest już w pełni chrześcijańskim krajem, ma bowiem własnego biskupa i organizację kościelną zdolną szerzyć tę religię w państwie. W 1025 roku Bolesław Chrobry, syn Mieszka I, został koronowany w Gnieźnie na pierwszego króla Polski.

Zabytkiem, który koniecznie musisz zobaczyć, jest **archikatedra** Wniebowzięcia Najświętszej Maryi Panny i św. Wojciecha z otaczającym ją wzgórzem. W świątyni rozejrzyj się za słynnymi **Drzwiami Gnieźnieńskimi**, ozdobionymi serią płaskorzeźb przedstawiających historię św. Wojciecha. To bardzo cenny zabytek. Z kolei w podziemiach znajduje się najstarszy w Polsce **napis nagrobkowy** z 1006 roku, a także odkryte przez archeologów pozostałości budynków z IX wieku oraz murów bazyliki Mieszka I. Przy katedrze, na Wzgórzu Lecha, mieści się **kolegiata** oraz **Muzeum Archidiecezjalne**. Kryje ono **skarbiec katedralny**, w którym przechowywane są kościelne skarby, m.in. przedmioty liturgiczne, szaty, rzeźby, zabytkowe monety.

 **www.gniezno.eu**

Kto teraz przeniósł stolicę?

W 1038 roku na państwo polskie napadł książę czeski Brzetysław I. Jego wojska spustoszyły kraj, burząc wiele budowli, paląc kościoły, uprowadzając ludność w niewolę i rabując wszelkie skarby. Można powiedzieć, że najazd prawie unicestwił Polskę. Książę Kazimierz Odnowiciel w 1039 roku przeniósł stolicę ze zrujnowanego i spalonego Gniezna do bezpiecz-

niejszego Krakowa. W 1050 roku, przy pomocy cesarza niemieckiego Henryka III i księcia ruskiego Jarosława Mądrego, pokonał Brzetysława. Odebrał mu zagarnięte tereny oraz wiele skarbów wywiezionych z wielkopolskich miast. Niestety, nie wszystkie.

Drzwi Gnieźnieńskie

STOLICA TRZECIA – KRAKÓW

Wawelskie wzgórze było zasiedlone od dawien dawna. Nic dziwnego – wyniosła skała oblana wodami Wisły i pomniejszych rzeczek znakomicie nadawała się do obrony. W czasach Mieszka I i Bolesława Chrobrego znajdował się tu spory gród z kościołem, w roku 1000 Kraków stał się siedzibą biskupa, a w 1038 – stolicą Polski. Niestety, w 1241 roku najazd tatarski obrócił miasto w perzynę. Kraków został oficjalnie lokowany (czyli założony) jeszcze raz 16 lat później i odtąd rozwijał się jako stolica państwa. W 1320 roku w katedrze na Wawelu koronował się Władysław Łokietek i od tej pory odbywały się tu uroczystości koronacyjne prawie wszystkich władców naszego kraju. W 1364 roku powstał w mieście pierwszy w Polsce uniwersytet – **Akademia Krakowska**, nazwana potem Uniwersytetem Jagiellońskim. W XVI wieku Rzeczpospolita Polska i Wielkie Księstwo Litewskie połączyły się w jedno państwo – Rzeczpospolitą Obojga Narodów. Kraków znalazł się więc na południowych peryferiach gigantycznego kraju. Sejmy, podczas których wybierano królów, zwoływano daleko pod Warszawą. Do Polski przyłączono Mazowsze, a Rzeczpospolita zaczęła przygotowania do podboju ziem leżących nad Bałtykiem. W dodatku królewski zamek na Wawelu dwukrotnie się spalił…

Będąc w Krakowie, trzeba zwiedzić siedzibę królów, czyli **Wawel**, **staromiejskie mury** wraz z **Bramą Floriańską** i obronnym **Barbakanem**, przyjrzeć się wspaniałemu dziedzińcowi **Collegium Maius** na Uniwersytecie Jagiellońskim oraz wpaść na **Kazimierz** – urokliwą dzielnicę żydowską. Poza tym ko-

Widok na Wawel

niecznie spróbować słynnych bajgli, nastraszyć smoka, obejrzeć **Sukiennice** oraz **ołtarz Wita Stwosza** w **kościele Mariackim**. Zresztą dobrze wiesz, dokąd się wybrać, przecież do Krakowa wjeżdżaliśmy naszym wesołym autobusem już kilka razy na kartach tej książki.

Zamek Królewski na Wawelu, Wawel 5, Kraków; informacja turystyczna, tel. 12 422 51 55 w. 219. Wzgórze wawelskie dostępne jest dla zwiedzających codziennie od godz. 6 do zmroku.

www.krakow.pl
www.wawel.krakow.pl

Kto znowu przeniósł stolicę?

Król Zygmunt III Waza przeniósł stolicę do Warszawy w roku 1596, po drugim pożarze Wawelu. Zależało mu przede wszystkim na tym, aby znajdowała się ona w centrum państwa, a królewska rezydencja była położona bliżej Szwecji (z której się wywodził i na której tronie chciał zasiadać). Kraków stracił więc status stolicy, ale nadal odbywały się w nim koronacje. Podziemia katedry na Wawelu są miejscem ostatniego spoczynku władców Polski oraz naszych zasłużonych i wybitnych rodaków. Kraków szczyci się tym, że jego oficjalny tytuł brzmi: Stołeczne Królewskie Miasto Kraków.

NIEDOSZŁA STOLICA – CZERSK

Niewiele brakowało, a Zygmunt III Waza przeniósłby stolicę do Czerska. Dziś to malutka miejscowość z ruinami średniowiecznego zamku, położona na dalekich peryferiach Warszawy. Jednak jeszcze w połowie XIII wieku Czersk był stolicą Księstwa Mazowieckiego, ważnym portem na Wiśle i obok Płocka największym grodem w tym rejonie. Miał własny targ, siedzibę książęcą, budowano wspaniały zamek. Rozwijał się szybko i spodziewano się, że kiedyś wyrośnie na pierwsze miasto Mazowsza. W tym czasie Warszawa była niewielką osadą na dalekich peryferiach Czerska. Jednak kapryśna natura wywróciła wszystkie plany do góry nogami. Pod koniec XIV stulecia Polskę nawiedziła gigantyczna powódź. Wisła wylała na pół Mazowsza, a gdy wody opadły, okazało się, że wyżłobiła nowe koryto… oddalone o 1,5 km od Czerska. Miasto przestało być portem, nie mogło czerpać zysków z handlu i straciło na znaczeniu. W 1413 roku książę mazowiecki Janusz I przeniósł swą siedzibę do prędko rozwijającej się Warszawy.

Zamek w Czersku, tel. 22 727 35 39. Aktualne godziny otwarcia najlepiej sprawdzić w Internecie.

www.zamekczersk.pl

STOLICA CZWARTA – WARSZAWA

Nadwiślańskie miasto zostało nową stolicą Polski w 1596 roku. I jest nią do dziś. W herbie Warszawy znajduje się Syrenka, której poświęcono też pomniki. Jeden stoi na Rynku Starego Miasta, drugi nad samą Wisłą, tuż przy eleganckim moście Świętokrzyskim, będącym nowoczesnym symbolem stolicy. Tylko w śródmieściu mamy aż 40 jej wizerunków wykutych w kamieniu lub odlanych w metalu. Skąd się wzięła Syrenka? Śpieszymy z wyjaśnieniami.

Legenda o warszawskiej Syrence

Dawno temu, przed tysiącem lat, do Bałtyku wpłynęły z oceanicznych toni dwie siostry – syreny. Obie były pięknymi dziewczętami, ale jak to morskie panny, zamiast nóg miały rybie ogony. Młodsza postanowiła zamieszkać na wybrzeżu Danii i opiekować się tamtejszymi rybakami (dziś możemy obejrzeć jej pomnik na skale, przy wejściu do portu w Kopenhadze).

Starsza siostra, skuszona szeroką, uroczliwą rzeką, popłynęła naprzeciw jej falom, ciekawa, skąd bierze swój początek. Po drodze tak urzekły ją wiślane łachy, piaszczyste plaże, trzciny i nieustający koncert ptaków, że zdecydowała się tu zostać. Rybacy szybko zorientowali się, że dzieje się coś dziwnego. Raz bowiem wyciągali sieci pełne ryb, to znów ktoś wypuszczał ich połów i wracali z niczym. Co wieczór słyszeli słodki śpiew, ale nie wiedzieli, kto tak umila im godziny odpoczynku. Pewnego razu cudną melodię usłyszał chciwy kupiec. Kiedy dojrzał syrenę z ukrycia w trzcinach, postanowił ją złapać i pokazywać na jarmarkach za pieniądze. Wynajął łowczych, a ci schwytali w sieci wodną pannę. Wtedy zaczęła śpiewać tak przejmująco, że usłyszeli ją nadwiślańscy rybacy. Szybko ruszyli za jej głosem, domyślając się, że wzywa pomocy. Gdy uwolnili syrenkę, przyrzekła zawsze pomagać mieszkańcom biednej nadwiślańskiej wioski, a jako oręż przeciw wrogom zabrała szablę i tarczę należące do kupca.

Zamek Królewski

Skoro Warszawa została stolicą, nadwiślański zamek książąt mazowieckich stał się siedzibą króla Polski. Stojący przy placu Zamkowym budynek był wielokrotnie przerabiany i powiększany, aż w XVIII wieku osiągnął kształt znany dziś wszystkim Polakom. Codziennie o godz. 11.15 z wieży zamkowej odgrywany jest hejnał. O tej właśnie porze podczas niemieckiego bombardowania 17 września 1939 roku zatrzymał się zegar.

Zamek Królewski, pl. Zamkowy 4, Warszawa, tel. 22 355 51 70, godziny zwiedzania najlepiej sprawdzić w Internecie.

 **www.zamek-krolewski.com.pl**

Łazienki Królewskie

Królowie polscy kochali Warszawę. Aby się o tym przekonać, wystarczy odwiedzić Łazienki Królewskie – jeden z najpiękniejszych ogrodów pałacowych w Europie. Przed 300 laty wokół wzgórza, na którym stał Zamek Ujazdowski, szumiał gęsty las. Żyły w nim dzikie zwierzęta, dlatego miejsce to nazywano Zwierzyńcem Ujazdowskim. W XVII wieku nad stawem wzniesiono pawilon kąpielowy,

Zamek Królewski

później przebudowany na **pałac Na Wodzie**. Swą letnią siedzibę miał w nim król Stanisław August Poniatowski. Wśród starych drzew, błękitnych jezior oraz kanałów powstawały urokliwe pałacyki, wille, w tym najbardziej elegancka – **Stara Pomarańczarnia**, w której hodowano egzotyczne rośliny. Wzniesiono tutaj również jedyny w swoim rodzaju **teatr Na Wodzie**, gdzie aktorów od widowni oddziela toń jeziora. Dzięki temu można wystawiać spektakle zawierające sceny bitew morskich. Pod najsłynniejszym na świecie **pomnikiem Fryderyka Chopina**, stojącym wśród starych drzew, odbywają się prestiżowe koncerty fortepianowe.

Łazienki Królewskie, ul. Agrykoli 1, Warszawa, tel. 22 506 01 01. Park Łazienkowski, czynny codziennie od świtu do zmierzchu. Muzeum w pałacu Na Wodzie, czynne od wtorku do niedzieli w godz. 8-16, Muzeum Łowiectwa i Jeździectwa – w godz. 10-17. Koncerty chopinowskie pod pomnikiem odbywają się od maja do września w niedzielę o godz. 12 i 16.

 www.lazienki-krolewskie.pl

Pałac w Wilanowie

Wilanów

Kilka kilometrów dalej na południe znajduje się rezydencja dwóch królów – Jana III Sobieskiego oraz Augusta II Mocnego. To Wilanów, pałac otoczony urzekającym parkiem, godny najświetniejszych władców Europy. Kiedy Jan III Sobieski kupił leżącą z dala od Warszawy wieś Milanów, najpierw zmienił jej nazwę na „Villa Nova" (co przetrwało jako Wilanów), a potem polecił wznieść tu skromną rezydencję w stylu polskiego dworku. Szybko jednak zorientował się, że królowi potężnego państwa i dowódcy jednej z najlepszych armii nie wypada przyjmować gości w domku, jaki mógł sobie wystawić każdy szlachcic. Dlatego willę zaczęto przebudowywać na wspaniały pałac, zaś do urządzenia ogrodów sprowadzono najlepszych ogrodników z zagranicy.

Muzeum w Wilanowie, ul. Kostki Potockiego 10/16, tel. 22 842 25 09. Aktualne godziny zwiedzania najlepiej sprawdzić w Internecie. Obok pałacu znajduje się Muzeum Plakatu, czynne w godz. 10-16, w poniedziałek 12-16.

 www.wilanow-palac.art.pl

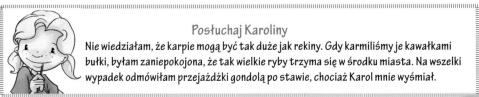
Posłuchaj Karoliny
Nie wiedziałam, że karpie mogą być tak duże jak rekiny. Gdy karmiliśmy je kawałkami bułki, byłam zaniepokojona, że tak wielkie ryby trzyma się w środku miasta. Na wszelki wypadek odmówiłam przejażdżki gondolą po stawie, chociaż Karol mnie wyśmiał.

Sprawdź, co słychać u władzy

Kolejnymi ważnymi dla Polski pałacami są **Belweder**, położony tuż przy parku Łazienkowskim, i **Pałac Namiestnikowski** przy Krakowskim Przedmieściu. Pierwszy z nich był niegdyś siedzibą prezydenta Polski, drugi pełni tę funkcję obecnie.

Prezydent jest najważniejszym człowiekiem w państwie, ale to nie on tak naprawdę rządzi krajem. Władzę sprawuje **sejm** – siedziba polskiego parlamentu znajduje się przy ul. Wiejskiej w Warszawie. Aby wejść do środka, trzeba okazać specjalną przepustkę. Wybierając się większą grupą, np. z całą klasą, należy wcześniej uzgodnić termin wizyty. Bez rezerwacji można się tu dostać tylko dwa razy w roku: 3 maja (święto Konstytucji 3 maja) i 11 listopada (Święto Niepodległości), wtedy sejm otwiera swe podwoje i zaprasza wszystkich zwiedzających. Uwaga, ustawiają się wówczas gigantyczne kolejki!

 www.sejm.gov.pl

Pałac Kultury i Nauki

Stoi w centrum miasta. To dziwny budynek – zbudowano go tuż po wojnie, chociaż Warszawa nie potrzebowała wtedy takiego kolosa. Stylem i wyglądem kompletnie nie pasuje do tego miejsca, zwłaszcza do eleganckich wieżowców, które wokół niego wyrastają. A jednak został symbolem stolicy. Wiele osób chciałoby go zburzyć i zamiast niego wznieść nowoczesne drapacze chmur – jednak został wpisany na listę zabytków, więc taki los mu nie grozi. Poza tym w murach pałacu mieszczą się setki instytucji, biur, urzędów, a nawet szkoły i teatry. Z tarasu widokowego na 30. piętrze roztacza się widok niemal na całą Warszawę.

 www.warsawtour.pl www.pkin.pl

Prawie przeniesiono tam stolicę...

Podczas II wojny światowej, 1 sierpnia 1944 roku, wybuchło w Warszawie powstanie przeciwko Niemcom, którzy ją okupowali. Powstańcy pragnęli wyzwolić stolicę, przepędzić z niej hitlerowców i poczekać na wkroczenie oddziałów radzieckich oraz polskich, które już nacierały w jej kierunku i niedługo miały od wschodu dotrzeć do Wisły. Tak się jednak nie stało. Radziecki przywódca Józef Stalin zakazał swym armiom iść na odsiecz Warszawie. Uznał, że lepiej będzie wydać niepokorne i dzielne miasto na pastwę niemieckich wojsk. W rezultacie powstańcy przegrali bitwę, zaś Warszawa została zniszczona, tak że po wojnie przypominała bezkresne morze gruzów i zgliszcz. Gdy 1945 roku okazało się, że miasto niemal przestało istnieć, planowano przeniesienie stolicy Polski.

Pałac Kultury to taki jamnik, tyle że postawiony pionowo...

Muzeum Powstania Warszawskiego

Brano pod uwagę Lublin, Łódź
oraz Poznań. Chodziło o to,
by stało się nią miasto, w którym
po wojnie pozostały jeszcze jakieś budynki, a nie same zglisz-
cza i ruiny. Na szczęście porzu-
cono te pomysły. Ustalono,
że stolicą nadal będzie Warszawa
– chciano w ten sosób pokazać
całemu światu, iż Polski i Polaków nie da się pokonać. I rzeczywiście tak się stało. Stolicę udało
się podnieść z ruin i uczynić ją
piękną i nowoczesną.

Muzeum Powstania Warszawskiego

Bolesne i dumne dzieje miasta podczas II wojny światowej
najlepiej poznać w niezwykłym miejscu, jakim jest Muzeum
Powstania Warszawskiego. Z całego kraju przyjeżdżają tu
miliony turystów. Drugiego takiego nie ma w całej Polsce!
Zwiedzający oglądają pamiątki z przedwojennej i powstań-
czej stolicy, idą pod ulicą kanałami, którymi przemieszczali
się powstańcy podczas walk, słyszą bicie serca miasta, zaś
w największej sali mogą obejrzeć prawdziwy amerykański
bombowiec – jeden z tych, które lecąc, zrzucały walczącym
zasobniki z amunicją i lekarstwami. Można też przekonać
się na własne oczy, jak wyglądała Warszawa po zakończeniu
wojny. Wyświetlany jest tu także niezwykły film *Miasto ruin*
wykonany w najnowocześniejszej trójwymiarowej technice
komputerowej, przedstawiający okaleczoną, zrujnowaną
stolicę z lotu ptaka. Widzowie wydają okrzyki niedowierza-
nia i zaskoczenia – to niesamowite, że po takich zniszcze-
niach nad Wisłą znowu rozkwitło życie.

Muzeum Powstania Warszawskiego,
ul. Grzybowska 79, Warszawa. Aktualne godziny
zwiedzania najlepiej sprawdzić w Internecie.

👆 **www.1944.pl** 🚌 🚫🐕

Zimowe szaleństwa

Zimą najtrudniej wyciągnąć mamę i tatę z domu na dłużej. Wiadomo, drogi śliskie, pogoda marna, szybko zapada zmrok. Tam ziąb i zamieć, a tu kanapa i gorąca herbata. A jednak warto wyruszyć w Polskę. O tym, gdzie najlepiej zjeżdżać na nartach, wiedzą doskonale rodzice i opiekunowie zimowisk. Dlatego Karolina i Karol spróbują namówić cię na inne przyjemności. Hu, hu, ha! Zima nie jest taka zła. W drogę!

Z GÓRKI NA PAZURKI, CZYLI TORY SANECZKOWE

Sanki to genialny wynalazek. Można się na nich ścigać z górki albo namówić kogoś dorosłego, by wystąpił w roli jednostki napędowej. Nie wiadomo za to, dlaczego to dla narciarzy organizuje się najfajniejsze trasy i zjazdy, a saneczkarzy spycha się na „ośle łączki"! A przecież dzieci chcą śmigać na prawdziwych torach saneczkowych.

Karpacz – długa jazda w dół

Znajduje się tu jeden z najlepszych oraz najdłuższych (ma 100 m!) w Polsce torów śniegowych „Snowtubing" do zjazdów na dmuchanych pontonach. W pobliżu dwa inne tory do śmigania na dętkach oraz stok saneczkowy.

Centrum Aktywnej Rekreacji pod Śnieżką, ul. Myśliwska 13, Karpacz, tel. 602 271 204.

 **www.skicentrum.prv.pl**

Bielsko-Biała – sankami w tunelach

Całoroczny tor saneczkowy o długości 410 m i ponad 110-metrowy wyciąg, którym wraca się na górę. Trasa zjazdu wiedzie przez trzy tunele i trzy ostre zakręty. Emocje gwarantowane!

Całoroczny Tor Saneczkowy „Stok Dębowca", ul. Skalna 58, Bielsko-Biała, zimą czynne w godz. 9-16, latem 9-19.30.

 **www.torsaneczkowy.bielsko.pl**

> ### Posłuchaj Karambola
> Jako szanujący się i elegancki jamnik mam kilka zimowych kubraczków, więc mrozy mi niestraszne. Bieganie po miękkim białym puchu i kopanie nor w śniegu to fantastyczna zabawa. Szkoda, że nie mogę tego robić w zaprzęgu, jak moi więksi, silniejsi bracia. Niestety, do tego sportu trzeba mieć dłuższe łapy.

Brenna – węgierski stok

Pod Brenną działa ośrodek sportów zimowych „Brenna WęgierSKI". Specjalnie dla saneczkarzy wydzielono część stoku. Czeka tu na ciebie ponad 100 m zjazdu prostymi rynnami!

www.wyciagi.brenna.pl

Szczyrk –
prawie kilometr w dół!

Naturalny tor saneczkowy u podnóża góry Beskid w Szczyrku Biłej ma prawie 1000 m długości. To dopiero jazda! Z kolei na obrzeżach miasta, przy wyciągach „Krasnal" i „Skrzat" w Czyrnej-Solisku, czeka na śmiałków tor snowtubingowy.

www.szczyrk.pl

Rabka-Zdrój –
z lodowiska na sanki

Wymarzone miejsce dla dzieci. Tuż przy sztucznym lodowisku przy ul. Jana Pawła II znajduje się tor saneczkowy. Uwaga, nie ma tam wypożyczalni sanek.

www.rabka.pl

Krynica-Zdrój –
śmiganie wielką tubą

Na stoku góry Iwonka niedaleko Hali Lodowej mali i duzi mogą skorzystać z sankostrady.

„Sankostrada" – całoroczny tor saneczkowy, ul. Dąbrowskiego 15, Krynica-Zdrój, tel. 18 471 58 10, czynne od poniedziałku do czwartku w godz. 10-15, od piątku do niedzieli w godz. 10-18.

www.sankostrada.pl

WYŚCIGI PSICH ZAPRZĘGÓW

Maszer to przewodnik psiego zaprzęgu. Mimo nazwy nie maszeruje, ale jedzie na sankach lub wózku ciągniętym przez od dwóch do ośmiu silnych czworonogów, które – zdawałoby się – nie znają zmęczenia. Zawody wymagają absolutnego zgrania zwierząt z przewodnikiem oraz ich wzajemnego zaufania.

Psie zaprzęgi były od wieków popularnym środkiem transportu w Skandynawii, Kanadzie, na Alasce i Syberii. Tam, gdzie konie czy osły padały z wysiłku i mrozu, silne, mądre i „odziane" w grube futra psy potrafiły uciągnąć sanie z ładunkiem. Dziś podróżnicy na północnych krańcach korzystają częściej ze skuterów śnieżnych. Za to wyścigi psich drużyn stały się popularną dyscypliną na całym świecie. Mierzą się w nich wielkie zaprzęgi, które ciągną sanie z przewodnikiem, lub pary psów trzymane przez opiekuna jadącego na nartach. Zawody odbywają się w każdym zakątku Polski, m.in. w Łodzi, Lublińcu, Nadarzynie, w Wiśle, Spale, Kędzierzynie-Koźlu, w Biłgoraju, w okolicach Gdańska, na Mazurach i w Bieszczadach. Informacji o tym, gdzie w najbliższym czasie można je obejrzeć, najlepiej poszukać w Internecie.

www.husky.net.pl
www.mushing.pl

Spis treści

Część 1. Strrraszne wycieczki!
Czyli na tropie duchów, czarownic i upiorów

Część 2. Przechlupane wyprawy

Część 3. Jedziemy na safari!